KB240114

통일교육의 다원화와 제도개선 방안

통일교육의 다원화와 제도개선 방안

(사) 통일교육협의회 부설
통 일 교 육 연 구 소 (편)

정상돈 (책임) · 김용철 · 이장희 · 전효관

※ 본서에 수록된 내용은 집필자의 개인적인 견해이며
  (사)통일교육협의회의 공식 견해가 아님을 밝혀 둡니다.

발간사

　최근 북한의 핵개발 문제를 둘러싸고 미국과 북한의 상반된 주장이 제기되었다. 미국은 10월 16일 국무부 성명에서 북한이 1994년에 타결된 제네바합의를 위반했다고 발표하였다. 반면에 북한은 10월 25일 외무성 대변인을 통한 담화문에서 오히려 미국이 제네바합의를 이행하지 않고 있다고 주장하였다.

　제네바 기본합의서 제1조에서 북한과 미국은 북한의 흑연감속원자로 및 관련 시설을 경수로 원자력 발전소로 대체하기로 합의했지만, 북한이 핵시설을 동결한 지 만 8년이 지났음에도 불구하고 경수로 공사는 '기초구뎅이나 파놓은 데 불과' 하다고 주장하며 이로 인해 2003년에 연간 100만 ㎾, 그 다음 해부터 연간 200만 ㎾의 전력손실이 발생하였는바, 그 책임이 미국 측에 있다고 지적하였다. 또한 제2조에서 북한과 미국이 정치 및 경제관계를 완전히 정상화하기로 합의해 놓고 미국은 지난 8년 동안 대북적대시 정책과 경제제재를 계속해 왔으며, 심지어 '악의 축' 으로 지목하는 등 제네바 기본합의사항을 위반했다고 비판하기도 하였다. 제3조에서는 미국이 핵무기를 사용하지 않으며 핵무기로 위협하지 않는다는 공식담보를 제공하게 되어 있으나, 거꾸로 북한을 핵선제공격의 대상으로 포함시켰기 때문에 제네바합의를 위반했다고 미국을 비난하였다. 뿐만 아니라 제4조의 7항에서 경수로의 터빈과 발전기를 포함한 비핵부분품들이 북한에 완전히 납입되고 난 다음 핵사찰을

받도록 되어 있으나, 미국은 벌써부터 핵사찰을 받아야 한다는 논리를
펴면서 북한이 마치 제네바합의를 위반하고 있는 듯이 국제여론을 호도
한다며 미국을 비판하였다.

이에 반하여 미국은 북한과 미국이 핵 없는 한반도의 평화와 안전을
위해 함께 노력하기로 하였으나 북한이 핵개발계획을 포기하지 않음으
로 해서 제네바합의를 위반했다고 주장한다. 그리고 북한과 미국이 국
제적 핵비확산체제(NPT) 강화를 위해 함께 노력하기로 했으나 북한이
이것을 지키지 않은 것도 위반사항이라고 미국은 주장한다. 경수로 공
사지연에 따른 전력 보상 문제에 있어서도 미국은 지연요인이 북한에
있기 때문에 보상이 불가하다는 입장을 취하고 있다. 대북 경제제재와
관련해서도 미국은 이미 일부 조치를 통해 제재를 풀었다고 주장한다.
이처럼 북한과 미국이 서로 상대방을 부정하는 시각 속에서 문제점만
지적하고 있는 것이다.

그런데 보다 심각한 문제는 남한 사회 내에서도 이 문제를 바라봄에
있어서 인식의 편차가 심하다는 사실이다. 북한과 미국의 대립으로 가
장 곤혹스러운 상황에 처한 것은 남한이다. 원치 않는 전쟁 상황에 휘말
릴 가능성을 배제할 수 없기 때문이다. 미국에 미국의 국익이 있듯이,
남한에는 남한의 국익이 있기에 남한은 미국과의 공조를 취하면서도 한
반도가 위기상황으로 가지 않도록 중재자로서의 역할을 보다 적극적으
로 할 필요가 있다. 하지만 이 문제에 대하여 남한 사회 내에서 합의가
이루어지지 않고 있기 때문에 우리 문제를 우리가 주도적으로 해결하는
데 어려움이 존재한다.

사실 북한 문제와 관련해서는 하나의 눈으로만 보지말고 복안(複眼)
으로 보는 노력이 필요하다. 2002년 7월 1일 북한은 경제관리 개선조치
를 취한 이후 8월에 열린 남북장관급회담에서 성실한 자세를 보여 주었
고, 9월 12일 최고인민회의 상임위원회를 통해 신의주를 시장원리에 입
각한 경제특구로 개발하겠다는 것을 발표했었다. 이런 것들은 북한의
변화를 보여주는 것들로서 과거의 시각으로만 북한을 바라보는 경향을

탈피할 필요성이 있음을 말해준다. 나진 · 선봉 자유무역지대와는 다른 방식을 적용하기 위하여 신의주에 입법 · 행정 · 사법 등 3권을 부여하는 등 자율적 독자성을 제고시키겠다는 것은 분명 획기적인 시도로서 긍정적으로 평가할 수 있는 부분이다. 북한이 이런 시도를 할수록 북한으로 하여금 국제사회의 책임 있는 구성원이 될 수 있도록 우리가 할 수 있는 것이 무엇인지에 대하여 생각하게 된다.

그리고 10월에 부산에서 개최된 아시안 게임에 선수단뿐만 아니라 응원단까지 파견하고 일본과의 국교정상화를 적극적으로 추진하고 있으며, 신의주 특별 행정구 기본법을 모델로 개성공단을 개발하겠다는 의지를 밝히는 것도 북한 문제를 하나의 눈으로만 볼 것이 아니라, 복안(複眼)으로 보는 것이 필요하다는 사실을 생각케 한다. 그렇지 않고서는 한반도를 둘러싸고 전개되는 복잡한 방정식을 풀기 어렵기 때문이다. 그런데 북한을 바라보는 시각의 균형성이 문제될수록 우리는 통일교육의 중요성을 생각하지 않을 수 없다. 북한교육이야말로 통일교육의 핵심이고, 통일교육을 통해 북한에 대한 인식의 틀이 형성되기 때문이다.

그러나 이런 중요성에도 불구하고 북한과 통일 문제에 대한 무관심은 이미 몇 년 전부터 우려할 만한 수준으로 증가해 왔다. 뿐만 아니라 과거에 통일교육이 반공교육이라는 이름하에 이데올로기 교육으로 진행되어 온 후유증이 심하여 최근 통일교육의 질적 변화를 도모하고 있음에도 불구하고, 위에서 언급한 것처럼 북한에 대한 인식의 편차를 좁히지 못하여 북한 문제를 합리적이기 보다는 감정적으로 접근하는 경향이 있다. 때문에 우리 문제를 우리가 주도하여 풀어나가는 데 어려움을 자초하기도 한다.

이런 맥락에서 통일교육의 가장 커다란 문제점인 이데올로기 문제와 북한 및 통일 문제에 대한 무관심/기피 현상을 극복하기 위하여 무엇이 필요한지를 고민하는 가운데 통일교육의 다원화와 제도개선 방안 연구에 천착하게 되었다. 통일교육의 다원화를 통하여 이데올로기 문제와 통일 문제에 대한 무관심 및 기피 현상을 극복할 수 있고, 또한 통일 및 북한 문제를 둘러 싼 제도개선을 도모하는 가운데 이데올로기 문제와 통일 문제에 대한 무관심/기피 현상을 극복할 수 있다고 보았기 때문이다.

이에 대한 연구를 통하여 통일교육의 활성화에 이바지하고 북한에 대한 균형 잡힌 인식을 추구하는 데 기여하며 궁극적으로는 한반도를 둘러싼 문제 해결의 합리적인 접근방법을 찾는 데 인식론적인 측면과 제도론적 측면에서 작은 기여를 할 수 있기를 바란다. 통일교육의 질적 변화를 도모하기 시작한 기간이 짧고, 그렇기 때문에 아직 이런 문제에 대한 연구결과가 별로 없는 상황에서 본 저서가 이 분야의 연구발전에 하나의 기폭제가 되기를 바라는 마음도 간절하다.

통일교육연구소 운영위원회는 재정적 어려움이 있음에도 불구하고 향후 이 연구결과가 통일교육협의회의 회원단체와 많은 국민들에게 널리 알려질 수 있도록 출판하기로 하였다. 끝으로 본 연구결과를 완성하는데 헌신적인 기여를 한 연구책임자 정상돈 박사의 깊은 노고를 치하하고, 아울러 그동안 이 연구에 참여한 연구위원들과 연구진행에 많은 도움을 준 통일교육협의회 이영동 사무총장, 김진영 과장을 비롯한 사무직원들의 수고에도 고마움을 표하고 싶다.

2002년 11월 10일
(사)통일교육협의회 부설
통일교육연구소 소장 이장희

서 문

통일 및 남북 문제라는 것은 우리가 외면한다고 피할 수 있는 사안이 아니다. 그리고 그것들은 경우에 따라 우리가 통제할 수 없는 역동성으로 우리의 삶에 막대한 영향을 끼칠 수 있는 것들이기도 하다. 그렇기 때문에 통일 및 남북 문제에 대하여 많은 관심이 요구되고 있지만, 이런 필요성에도 불구하고 분단 상황에 익숙해지는 가운데 그에 반하는 현상이 나타나고 있다. 통일 문제에 대한 무관심과 기피 현상이 청소년들에게서는 말할 것도 없고, 심지어 학생들을 가르치는 교사들을 비롯한 어른들에게까지 확산되고 있는 것이다. 통일실현 의지의 확립, 즉 "통일의 당위성을 인식시킴으로써, 국민들이 스스로를 통일 문제 해결의 주인이라는 의식을 함양토록 하고 확고한 통일실현 의지를 갖도록"(통일부, 2001, 6) 하는 것을 통일교육의 첫 번째 추진 과제로 설정하고 있음에도 이런 현상이 해소되기보다는 오히려 심화되는 그 원인은 무엇일까?

통일교육의 내용과 관련하여서는 그동안 학생들에게 '있는 그대로의 사실'을 가르쳐 왔는지 스스로 의심스럽다는 말을 하는 중·고등학교의 교사들이 늘고 있다. 이것은 『2000 MBC 청소년 백서』에서 북한에 대한 교육이 실제 북한과 다르다고 느끼는 학생이 54.2%가 된다는 사실이 뒷받침해준다. 『2000 통일교육기본지침서』를 보면 통일교육의 내용 체계 중 두 번째 사항이 '북한문제의 올바른 이해'다(통일부, 1999, 21). 그런데 왜 이런 현상이 나타나는 것일까?

남과 북의 주민들이 서로에 대하여 제대로 이해하지 못하는 것은 북한이탈주민이 남한 사회에서 살아가는 모습 속에서도 그대로 나타난다. 본인이 북한출신이라는 것이 밝혀지면 불이익을 당하기 때문에 중국의 조선족출신이라고 거짓말을 하며 살아가는 사람들이 있는 것은 북한 사회와 북한 주민에 대한 남한 주민의 편견이 어느 정도인지를 잘 보여주는 사례의 하나에 불과하다. 2000년에 남북정상회담이 열린 직후 이제부터라도 '북한 바로 알기'를 제대로 해야 한다는 주장이 제기되었던 것도 우연이 아니다. 그러나 동시에 가치관의 혼란이 생기는 것을 경계해야 한다며 기존의 북한교육이 흔들려서는 안 된다는 주장도 만만치 않았다. 그리하여 남한 사회 내부에서 북한 문제와 관련한 갈등, 소위 '남남갈등'이 심화되면서 국론 분열적 현상마저 대두되었다.

통일 문제나 북한에 대한 무관심과 기피 현상이 증가하면서 역설적으로 통일 문제나 북한에 대한 이데올로기적 갈등도 심각한 수준으로 형성되어 온 것이다. 이 두 현상은 통일 문제 혹은 통일교육의 가장 큰 문제점이라고 할 수 있다. 그것들이 개선되지 않으면 통일교육의 활성화는 공허한 것이 될 수밖에 없고, 또 통일에 대한 꿈과 희망도 잃어버리게 될 것이기 때문이다.

이런 이유로 지난 몇 년 동안 북한교육에 대한 접근방법에 변화를 모색하는 시도들이 이루어졌다. 기존의 체제 · 이념적 접근방법을 사회 · 문화적 접근방법으로 대체하자는 것을 예로 들 수 있다. 사회 · 문화적 접근방법으로 북한 주민들의 생활을 피교육자에게 소개할 경우 이들이 과거보다 더 북한 문제에 대한 관심을 가질 뿐만 아니라, 그렇게 함으로써 과거의 체제 · 이념적 접근방법이 초래했던 이데올로기적 편향성과 부작용을 해소할 수 있다고 보기 때문이다. 한만길이 이렇게 주장한 이후, 이런 시도를 통일교육의 '신 패러다임'처럼 인식하는 경향도 있다. 그러나 북한교육을 실시함에 있어서 체제 · 이념적 접근방법과 사회 · 문화적 접근방법을 양자택일로 선택하는 것은 과연 바람직한 것일까?

또한 평화교육이나 민주시민교육 등을 통일교육에 접목시키면서 통일교육의 변화와 발전을 도모하는 시도들이 진행되었다. 말하자면 '통일교육의 다원화'를 통하여 기존의 통일교육이 초래했던 문제점, 예컨대 '다름'을 '차이'로 인식하지 못하고 '차별'로 인식하도록 유도해 온 이데올로기적 편향성을 극복하려는 노력들이 있었던 것이다. 그러나 새로운 시도들이 긍정적인 측면만 지닌 것은 아니었다. 통일교육의 '다원화'를 넘어서 통일교육을 해체하고 아예 이것을 평화교육이나 '탈분단교육' 등으로 대체하려는 경향도 있어 왔기 때문이다. '(사)평화를 만드는 여성회'의 시도가 전자의 경우에 해당하고, 권혁범의 시도가 후자의 경우에 해당한다. 때문에 통일교육을 실시하는 현장에서 혼란스럽게 받아들이기도 했다.

이런 점에 주목하여 제1장 '이데올로기 문제와 통일교육의 다원화'에서는 우선 기존의 통일교육이 어떤 측면에서 이데올로기교육으로 진행되었는지를 분석하고자 한다. 그리고 민간통일교육 전문가로 많이 알려진 한만길과 오기성 및 추병완의 대안 제시를 살펴보고, 그 대안이 지닌 문제점을 고찰하고자 한다. 이어서 고병현과 한만길 등이 평화교육을 통일교육에 접목시키면서 어떻게 통일교육의 다원화를 긍정적인 측면에서 모색하는지를 짚어 볼 것이다. 또한 '(사)평화를 만드는 여성회'가 평화교육을 통일교육에 접목시킨다는 이름하에 어떻게 통일교육을 왜곡시키며 통일교육의 근본을 흔드는지도 살펴볼 것이다. 그리고 권혁범이 '탈분단교육'으로 통일교육을 대체하자며 주장하는 이론에 어떤 문제점들이 있는지도 고찰할 것이다. 동시에 권혁범이 '탈분단교육'의 기본축으로 생각하는 인권교육이 어떤 측면에서 통일교육에 효과적으로 접목되며 이데올로기 문제를 극복하는 데 기여할 수 있는지, 그래서 인권교육을 통한 통일교육의 다원화가 어떻게 가능한지도 함께 연구할 것이다.

제2장 '통일 문제에 대한 무관심/기피 현상과 통일교육의 다원화'에서는 통일과 북한 문제에 대한 무관심과 기피 현상의 원인이 무엇보다 삶을 살아가는 지평에서 멀어져 있는 교육내용과 민간의 자율적인 노력

을 흡수하지 못하는 교육의 추진체계 그리고 피교육자의 능동적인 참여
를 유도하지 못하는 교육방식에 있다는 사실에 주목한다. 그리하여 이
런 문제점을 해소하기 위하여 다문화 이해교육이 어떻게 통일 문제를 우
리 주변 일상의 문제로 위치시키며 나와 상관이 있는 것으로 인식하게
하고, 또 평화교육을 통해 내 일상의 비평화와 분단이 어떻게 상호 관련
성 있는지를 가르치는가에 대해서 고찰할 것이다. 예컨대 '글로벌 시민
교육'과 '문화이해지'를 통한 교육 매뉴얼 등을 통하여 우리 일상에 내
재하고 있는 가치들이 얼마나 반통일적인지를 알게 되고, 또 일상과 통
일의 문제를 별개로 분리시켜 온 기존의 경향성이 극복될 수 있는지를
살펴볼 것이다. 그 과정에서 통일교육의 다원화가 어떻게 통일에 대한
상상력을 개방하고, 교육을 지식의 문제에서 실천의 영역으로 이전시키
면서 피교육자의 참여 폭을 확대하며, 결국 통일 문제에 대한 무관심과
기피 현상을 극복하는 데 기여할 수 있는지를 연구하게 될 것이다.

　제3장 '이데올로기 문제와 통일교육 관련법·제도 개선 방안'에서는
통일교육의 목적 가운데 북한에 대한 객관적 인식 도모와 남북한 주민
들이 더불어 사는 방식을 가르치는 것들이 들어있음에도 불구하고 그동
안 통일교육 관련법이나 북한관련법(예컨대 국가보안법 등)이 오히려
통일교육의 목적 달성에 걸림돌이 되어 오면서 이데올로기와 법·제도
가 상호 부정적인 측면에서 영향을 미쳐 온 점에 주목하고자 한다. 북한
관련 이데올로기가 국가보안법 등의 법·제도 제정에 영향을 미치고,
역으로 이러한 법·제도는 악순환적 의미에서 이데올로기 문제에 영향
을 주어왔기 때문이다.

　그리하여 통일교육의 법적 정당성을 제공하는 기본체계, 즉 헌법(평
화통일) - 교육법(홍익인간) - 통일교육지원법(통일교육기본계획) - 통
일교육기본지침서(통일부/통일교육심의위원회) - 사회통일교육지침(통
일교육원)/학교통일교육지침(교육부) - 통일교육기본운영계획(통일교
육원) 사이에 상호 충돌하는 지점은 없는지, 냉전적 요소는 어느 정도
내포되어 있으며 개선되어야 하는지를 고찰하면서 통일교육이 이데올

로기적 속박에서 벗어나 자유롭게 실시되도록 보장하는 법·제도의 개선 방안을 찾아보고자 한다. 법·제도적 차원의 개선 없이는 북한과 관련한 많은 문제의 근본원인인 이데올로기에 대한 자유로운 토론과 이를 통한 갈등해소에 많은 제약이 따를 수밖에 없기 때문이다.

특히 북한교육을 실시함에 있어서 강사들이 자칫하면 현행법을 저촉할 수 있는 위험성 때문에 자기검열을 하는 현상이 있고, 때문에 교육 자체가 위축되는 경향이 많은 점을 고려하여 관련 법규, 예컨대 국가보안법이나 통일교육지원법 등을 어떻게 재정비하는 것이 바람직한지를 살펴볼 것이다. 아울러 통일교육을 실시하고 있는 여러 기관들 사이의 업무 협조, 협의 및 조정 역할과 관련하여 기존의 시스템을 연구하고, 현재의 문제점을 보완하기 위하여 어떤 기구의 필요성이 절실히 요구되는지도 검토할 것이다. 그리고 남북한의 이데올로기적 대립을 극복하기 위한 하나의 방법으로 남북한 양쪽에서 어느 정도 긍정적으로 평가받고 있는 홍익인간의 사상을 통일교육에 도입하기 위하여 법·제도적인 측면에서 어떤 노력이 필요한지도 찾아볼 것이다.

제4장 '통일 문제에 대한 무관심/기피 현상과 법·제도 개선 방안'에서는 우선 통일 문제에 대한 무관심과 기피 현상을 초래하는 구조적인 문제점들을 통일교육의 주체, 통일교육의 수혜자, 교육내용 그리고 교육방법의 측면에서 살펴볼 것이다. 그리고 이 문제점들을 해결하기 위하여 정부와 통일교육을 실시하는 민간단체 간의 관계설정과 역할분담을 어떻게 재조정하는 것이 필요한지, 통일교육지원법상 민간단체에 대한 지원과 관련하여 법·제도를 어떻게 재정비하는 것이 바람직한지를 연구하고자 한다. 또한 공공단체와 민간단체에서 통일교육을 받는 수혜자들의 보다 적극적인 참여를 유도하고 교사 및 강사들의 적극적이고 자발적인 교육열의를 높이기 위해서 정부가 다양한 지원책과 인센티브 제도를 어떻게 도입해야 하는지도 고찰할 것이다. 아울러 통일교육 관련 자료를 보다 쉽고 다양하게 접할 수 있도록 법·제도가 어떻게 개선되어야 하며 통일교육 사각지대에 있는 국민들이 보다 쉽게 교육의 기

회를 가질 수 있도록 하기 위하여 통일교육지원법을 어떻게 보충하는
것이 바람직한지도 제안할 것이다. 이렇게 법·제도의 개선 방안을 제
안하는 근저에는 그것을 통해서만이 정권의 변경과 관계없이 지속적이
고 일관성 있는 통일정책과 통일교육의 시행을 보장할 수 있다는 생각
이 깔려 있다.

　이렇게 4개의 장, 제1장 '이데올로기 문제와 통일교육의 다원화', 제2
장 '통일 문제에 대한 무관심/기피 현상과 통일교육의 다원화'와 제3장
'이데올로기 문제와 통일교육 관련 법·제도 개선 방안' 그리고 제4장
'통일 문제에 대한 무관심/기피 현상과 법·제도 개선 방안'으로 본 저
서가 구성된 것은 통일/북한 문제와 관련한 가장 큰 두 가지 문제점, 즉
이데올로기를 둘러싼 갈등과 통일에 대한 무관심 및 기피 현상을 해결
하기 위한 방안을 모색하는 데 있어서 통일교육의 다원화와 법·제도
개선 방안이라는 두 가지 측면에서 접근하기 때문이다. 제1장은 정상돈
박사가, 제2장은 전효관 박사가, 제3장은 이장희 교수가 그리고 제4장은
김용철 박사가 작성하였다.

　연구의 방법으로는 1차적으로 본 연구주제와 관련한 기존의 연구 성
과들을 수집하여 분석하는 문헌분석의 방법을 취했다. 그리고 통일교육
현장에서 실시하고 있는 매뉴얼 등도 비교 및 검토하였다. 또한 통일교
육의 법적 정당성을 제공하는 기본체계들을 비교·연구하는 방법도 모
색하였다. 뿐만 아니라 연구진행 중반에 관련 전문가들을 초청해 세미
나를 개최하고 그 토론결과를 연구에 반영하기도 하였다.

　통일교육의 질적인 변화는 김대중 정부가 본격적으로 대북 화해·협
력정책을 추진한 이래 이루어지기 시작했고, 이와 궤를 같이 하여 평화
교육과 민주시민교육 그리고 다문화 이해교육 등을 통일교육에 접목시
키면서 통일교육의 활성화를 이루려고 했던 다양한 시도들이 병행하여
이루어졌다. 그러나 그 역사가 일천하여 아직 초보적인 수준을 벗어나
지 못하고 있기에 새롭게 시도됐던 연구들이 긍정적인 측면에서 기여를
하기도 하지만, 많은 문제점을 노정하기도 한다. 이렇듯 다양한 시도들

을 통해 새롭게 초래되는 이념적 혼란을 정리하고 체계적인 검토 속에 대안을 모색한 연구는 지극히 부족한 실정이다. 특히 법·제도 개선을 통하여 이데올로기 문제라거나 통일에 대한 무관심과 기피 현상을 극복하며 통일교육의 활성화를 도모한 연구는 아직 제대로 이루어지지 않았다고 해도 과언이 아니다.

이런 맥락에서 본 연구가 가지는 의미를 발견할 수 있다고 생각한다. 본 연구가 출판되어 통일교육협의회 소속 단체들에게 배포되고 교재로 활용될 경우 다양한 이념적 성향을 가진 회원 단체들 간의 자유로운 토론이 진행될 수 있을 것이며, 또한 통일교육의 활성화를 마련하는 하나의 계기가 될 수도 있을 것이다. 특히 이데올로기 문제는 정치적 논쟁으로 폭발할 수 있는 위험성 때문에 정부차원에서 직접 다루기가 쉽지 않고, 그렇기 때문에 민간단체인 통일교육협의회에서 이런 문제들을 연구하고 개선 방안을 모색하는 것은 민관협력을 통한 통일교육의 활성화를 지향하는 데 일정부분 기여할 것이다.

본 연구를 통일교육협의회의 용역과제로 수행할 당시의 제목은 「통일교육 다원화와 제도 개선방안 연구」였다. 그러나 연구결과물을 출판하는 과정에서 「통일교육의 다원화와 제도개선 방안」이라는 제목으로 다소 변경되었음을 밝혀둔다.

2002년 11월 10일
집필자 일동

목 차

제 1 장
이데올로기 문제와 통일교육의 다원화

정 상 돈

1. 서 론

독일이 통일되면서부터 과거에 동독을 지속적으로 연구해 온 학자들 사이에서는 줄곧 동독에 대한 그들의 이해와 인식에 근본적으로 문제가 있었다는 점이 지적되어 왔다. 그렇게 갑자기 동독이 붕괴하고 통일이 찾아올 줄 몰랐을 뿐만 아니라 통일된 후 시간이 지나면 해소될 것으로 생각했던 '마음의 장벽'이 오히려 통일 당시보다 더욱 심화되어 왔기 때문이다.

통일에 대한 동독지역 주민들의 마음은 이중적이다. 대부분이 통일 그 자체는 잘된 것이라 생각하고 옛 동독체제가 부활하는 것을 원치 않는다. 하지만 통일독일의 체제에 그렇게 쉽게 적응하지 못하고 서독출신들에게 반발하는 마음을 가지며 옛 동독체제의 긍정적인 측면을 그리워하는 경향(Ostalgie)도 함께 가지고 있다. 이것은 동독지역 주민들이

통일 후 시간이 지날수록 점점 더 그들 자신을 '독일인(Deutsche)'이라
기보다는 오히려 '동부지역 주민(Ostdeutsche)', 즉 '서부지역 주민
(Westdeutsche)'들과 구별되는 특정지역 주민으로 느끼면서 정체성을
확인하는데서 잘 나타난다.

    정치교육이 단지 지식을 전달하는 수준에 그치지 않고 시민들이 자발
적으로 민주주의를 만들어 나갈 수 있도록 동기부여를 하며, 단순한 현
상유지를 넘어서 미래지향적으로 문제를 해결하는 데 도움이 되기 위해
서는 동독지역 주민들과 서독지역 주민들이 서로 공유할 수 있는 복안
을 개발하고 전망을 제시해야 했지만, 실제로 동독 문제와 관련해서는
이데올로기적 한계를 벗어나지 못하는 현상이 통일 전과 마찬가지로 통
일 이후에도 지속되고 있다.[1]

    동독연구와 동독에 대한 교육에 있어서 중요한 것은 동독체제의 이중
구조와 더불어 동독주민들이 동서독 양 체제에 대하여 갖고 있던 의식
의 이중성을 파악하는 일이었는데 이 부분이 취약했고 결국 통일 전 옛
서독의 정치교육, 특히 동독 문제와 관련한 이데올로기 교육이 통일 후
내적통합에 결정적인 장애물로 기능하고 있는 것이다. 그리하여 통일
후 소위 '옛 동독의 과거청산 작업'이라는 것을 실시했을 때, 옛 동독체
제의 부정적인 측면을 들추어내는 데만 초점이 맞추어져 왔고 그 속에
서 '보통시민'이 어떻게 살아 왔는지에 대해서는 거의 관심을 갖지 않
았다.

    그런데 문제는 통일 전과 통일 후 독일에서 일어난 일들이 우리에게

---

    1) 동독에서의 작업장과 같은 집단체제는 공식적으로 감시와 통제가 이루어지고
있는 곳이기도 하지만, 비공식적으로는 주민들이 서로 돕고 의지하며 '자유로움' 속
에 인간적인 것을 추구하는 안식처이기도 했다. 이 후자가 얼마나 소중한 것이었는지
를 동독주민들이 발견하게 된 것은 역설적이게도 동독체제가 사라지고 나서였다. 그
결과 서독출신들이 동독출신들을 '쓰레기' 같은 옛 동독체제에서 몇 십 년 동안 잘못
살아온 존재로 폄하하며 대할 때, 동독출신들이 반발하게 되었다. '너희들은 우리가
살아온 것을 이해하지 못한다. 우리가 어떻게 살아왔는지는 우리만이 안다'고 하면
서 말이다.(참고, 정상돈, 2000, 2001)

도 비슷한 양상으로 전개되고 있고, 또 전개될 가능성이 많다는데 있다. 우리의 북한교육도 옛 서독의 통일 전 동독 문제와 관련한 이데올로기 교육과 유사한 모습을 보이기 때문이다. 한 예로 지난 20년 가까이 중학교에서 도덕과목을 가르쳐 온 교사는 그동안 학생들에게 통일 문제 및 북한과 관련하여 '있는 그대로의 사실'을 가르쳐 왔는지 스스로 의심스럽다는 말을 하기도 한다. 그러면서 북한교육을 담당할 교사의 재교육이 시급히 필요하다고 주장한다. "80년대부터 '상호 신뢰와 협력'이 교과서에 명시되어 있었지만, 이와는 달리 교육의 흐름은 우월성 강조를 바탕으로 한 북한 이기기 교육으로 치달아" 왔기 때문이라는 것이다.(이정화, 2000, 57) 또한 『2000 MBC 청소년 백서』를 보면 북한에 대한 교육 내용이 실제 북한과 다르다고 느끼는 학생이 54.2%가 된다는 사실도[2] 그동안의 북한교육이 이데올로기적 한계를 벗어나지 못했다는 사실을 생각하게 해 준다.

이데올로기란 것이 비록 외견상 보편성을 갖고 진리인 것처럼 포장해도, 실제로는 사실과 다르거나 부분적으로만 사실에 부합한다든지 허점이 많은 사고체계와 생각이라고 정의할 때, 북한교육을 실시해 온 교사들뿐만 아니라 피교육자인 학생들도 과반수 이상이 북한교육의 내용이 사실과 부합하는 것인지 의심스럽다거나 북한의 현실과 다르다고 느낀다는 사실은 그동안 실시되어 온 북한교육이 이데올로기적 한계를 벗어나지 못했음을 보여주는 것이다.

그래도 남한의 북한교육이 이데올로기적인 측면을 비교할 때 북한에서 실시되는 남한교육보다는 훨씬 나은 편이지만, 이런 상대적인 비교를 떠나 남과 북의 주민들이 서로에 대하여 제대로 이해하지 못하는 현상이 발생할 수밖에 없도록 되어 있는 것은 부인할 수 없는 사실이다. 실제로 북한이탈주민들이 나름대로 어려운 선택을 하여 찾아 온 남한 사회에 적응하는 데도 많은 문제가 발생한다. 파트너가 북한출신이라는

---

2) 김교동, 2000, 60-61에서 재인용.

것이 밝혀지면 사업상의 상담을 하다가도 그 즉시 상담이 깨지는 경우
가 발생할 뿐만 아니라, 북한이탈주민들이 남한 사회에서 여러 가지 유
형무형의 차별을 당하기 때문이다.[3] 그리하여 북한이탈주민들이 남한
사회에서 경험하는 것을 통일 후 북한 주민들이 그대로 체험할 수 있다
는 점을 고려하여 북한이탈주민들의 이야기에 주목하고 남한 사회의 북
한교육과 관련하여 재검토가 필요하다는 주장이 많이 제기되고 있는 형
편이다.[4]

　이런 현상이 생기는 것을 방지하기 위해서는 북한의 현실뿐만 아니라
가치관이 다른 북한 주민들의 생활방식을—설령 비판적으로 보더라
도— '차별'이 아닌 '다름'의 관점에서 이해하는 것이 필요한데, 그러자
면 이데올로기의 틀 안에서만 북한을 보아 왔던 기존의 시각을 넘어서
는 새로운 작업이 필요하다고 하겠다.

---

　3) 그렇다고 문제가 발생할 가능성이 많으니 통일을 하지 말자는 것은 결코 아니
다. 사실 이런 맥락에서 최근 통일에 대한 무관심과 기피현상이 심화되고 있는 것은
무척 우려할 만한 일이다. 통일을 회피한다고 하여 현재의 분단 상태 속에서 남한주
민들만 잘 살 수 있는 것도 아니기 때문이다. 분단구조를 둘러 싼 한반도의 환경이 어
떻게 변화할 지는 예측하기 어렵지만, 통일이 되지 않는 한 우리는 운명적으로 주변
국들에 의하여 이용당하며 우리의 의도와는 상관없이 위험한 상황에 직면하며 살게
될 수 있기에 어떻게든 통일을 이루어야 한다.
　4) 그런데 통일교육/북한교육의 이데올로기적 문제점은 그 후유증이 통일 이후에
만 나타나는데 있지 않다. 현재 남북교류·협력의 활성화를 도모하는 가운데 경협에
서부터 물꼬를 트며 남북주민들간의 '보다 많은 접촉'을 통하여 민족동질성을 회복
하고자 노력하지만 경수로건설이 이루어지고 있는 북한 내 금호지구를 보면 남북 노
동자들의 접촉이 민족동질성을 회복시키는데 기여하는 것이 아니라, 오히려 상호간
에 불신을 조장하며 통일이 되기도 전에 '마음의 장벽'을 쌓는 결과를 초래하고 있음
을 알게 된다. 남쪽 노동자들이 북쪽 노동자들에게 호의를 베풀어주어도 북쪽 노동자
들은 북측 감시원의 눈이 두려워 자기 방어를 위해 신고를 한다든지 의식적으로 비정
상적인 행동을 취하는 경우가 적지 않기 때문이다. 그리고 남쪽 노동자들은 북쪽 노
동자들의 행동에 당혹감과 배신감을 느껴 이들을 상대하려 하지 않게 되는데, 이것은
또 북한노동자들로 하여금 남한노동자들로부터 모멸감을 느낀다고 생각하게 하고 반
발하도록 하는 현상을 초래하기 때문이다.(한반도에너지개발기구(KEDO) 북한 금호
사무소에 근무했던 관계자와의 대담, 참고, 정상돈 2000)

그러나 이와는 달리 2000년에 있었던 남북정상회담 이후 북한을 보는 시각과 관련하여 가치관의 혼란이 생기는 것을 경계해야 한다고 주장하는 사람들도 있다. 기존의 북한교육이 혼들려서는 안 된다는 것이다. 때문에 이들은 이데올로기 비판이라는 이름하에 북한에 대한 경계를 늦추지 않는 교육을 철저히 실시해야 한다고 주장한다. 한 예로 이규호는 "6·25 후에 강화한 반공교육, 그리고 5·16 후에 많이 강조된 안보교육, 그리고 새마을운동과 더불어 많이 번진 새마을교육, 그리고 오늘의 국민윤리교육 등이 모두 국민의 정신적 자세를 바른 방향으로 가다듬기 위한 교육 과제였다"고 주장하며 이러한 교육이 이데올로기 비판교육이라는 이름하에 지속되어야 한다고 강조한다.(1997, 151) 6·25 전쟁과 그 이후 계속된 북한의 대남 첩보원 침투와 도발행위들이 생생한 체험학습으로서 북한에 대한 적개심과 부정적인 이미지를 각인시켰기 때문에 이런 주장이 사회적으로 많은 지지기반을 갖고 있다.

그리하여 통일/북한 문제와 관련한 대립된 견해들이 충돌하게 되고 남한 사회 내부에서 북한 문제와 관련한 갈등, 소위 '남남갈등'이 생겨나게 된다. 특히 김대중 정부가 전향적인 대북정책을 추진한 이후, 이 정책을 두고 다른 대안이 없다는 주장도 제기되는 반면 북한을 이롭게만 하는 이적행위라는 지적도 제기되는 등 남남갈등은 다양한 형태로 표출되어 왔다. 이런 남남갈등이 해소될 수 있기 위해서는 갈등의 원인을 가리고 덮어두기보다는 오히려 토론의 중심으로 끌어내어 다양한 논의 과정을 거치는 것이 필요하고, 또 그렇게 하기 위해서 이데올로기적인 터부(taboo)를 깨는 노력이 필요하다. 특히 분단 이후 최근까지 통일교육이 정치에 종속되면서 굴절된 모습으로 국민들의 의식에 부정적인 영향을 끼쳐왔다는 지적이 어느 때보다 강하게 제기되는 만큼 새 출발하는 마음으로 그동안 금기시되었던 이데올로기 문제를 재검토하면서 중·장기적인 비전 속에 통일교육의 방향과 과제를 모색하는 노력이 필요하다. 이것이 본 연구과제를 수행하게 된 배경으로서, 이데올로기 문제가 통일 전과 통일 후 모든 시기에 걸쳐서 북한과 관련한 많은 갈등의 가장 핵심적인 문제라는 점을 감안하여 이와 관련한 기존 연구들을 검토하고, 그 문제점을 찾으며 개선방향을 모색하는 데 연구의 목적을 두고자 한다.

현재 통일교육의 거듭나기를 위한 시도들이 시작되고 있지만, 아직 초기 단계라고 할 수 있다. 이러한 시도들에게서 물론 긍정적인 측면도 발견되지만, 부정적인 측면도 보인다. 이데올로기 문제를 극복하는 과정 속에 통일교육의 다원화가 시도되고 있지만, 평화교육이나 인권교육 등을 통하여 통일교육을 발전시키자는 주장을 넘어서 통일교육의 근본을 아예 흔드는 경우도 있기 때문이다. '(사) 평화를 만드는 여성회' 의 교재 『국내외 평화교육 사례의 통일교육에의 적용방안 연구』(2001)와 권혁범의 「한반도 분단현실과 통일교육의 방향: 평화와 인권을 지향하는 탈분단의 시민교육을 향하여」(2000)가 그렇다. 때문에 통일교육을 실시하는 현장에서 혼란스러움을 느끼기도 하는데, 본 연구에서는 이런 문제를 집중적으로 분석하여 새로운 시도들이 주는 혼란스러움을 극복하는데 다소라도 기여하고자 한다.

본고에서는 통일교육의 다원화와 관련하여 3절에서 평화교육과 인권교육을 통한 새로운 시도들의 성과와 한계를 분석하려고 하는데, 그러기 전에 우선 2절에서 기존 통일교육의 문제점과 그에 대한 대안적 시도들을 북한교육에 초점을 맞추어 고찰하고자 한다. 북한교육이 이데올로기 문제의 근원지이자 통일교육의 핵심적인 요소이고, 또 기존의 북한교육으로부터 비롯된 제반 문제를 극복하는 일환으로 평화교육이나 인권교육 등을 통한 다원화가 시도되었기 때문이다. 그리고 2절의 북한교육 혹은 통일교육과 관련하여서는 이것이 기존의 어떤 측면에서 이데올로기 교육으로 기능해 왔는지를 다루고, 그 다음 이에 대한 대안으로 민간의 통일교육전문가들이 제시하는 대안을 살펴 볼 것이다. 또한 이들 대안의 성과와 한계를 짚어 볼 것이다. 결론에서는 2절과 3절에 서술된 것을 종합적으로 정리하는 가운데 이데올로기 문제를 극복하기 위한 연구가 향후 어떤 방향으로 진행되는 것이 바람직한지를 모색해 보고자 한다.

2. 기존 통일교육의 문제점과 그에 대한 비판들

1) 이데올로기 교육으로서의 통일교육과 그에 대한 비판들

(1) 이데올로기 교육으로서의 통일교육

이승만 정권에서부터 전두환 정권 때까지 통일교육은 반공교육이라는 이름하에 체제유지를 위한 수단으로 기능하였다. 특히 과거의 남한 정부는 권위주의적인 정치체제에 비판적인 세력들을 체제부정적인 세력으로 폄하하며 견제하기 위하여 남북한의 갈등상황과 반공교육을 체제유지용 이데올로기[5]로 이용하였다.(한만길, 2001, 105) 그리고 통일/북한에 대한 논의를 독점하면서 민간차원의 통일논의를 불온시하였던 것이다. 통일논의의 다양화를 혼란 및 사회의 불안정과 연결시키는 시각이 깔려 있었기 때문인데,[6] 이것은 북한/통일 문제에 대한 다양한 접근방법을 가로 막았다.

또한 남한의 시민들이 정치적 사안에 대하여 스스로 판단하고 능동적으로 참여하는 데도 지장을 초래하며 부정적인 영향을 미쳤다. 북한의

---

5) "국가적인 이념이 국민들의 자율적인 판단과 자유로운 비판 속에서 자발적인 동의에 의하여 형성되지 않고 권위주의적인 정치체제에 의하여 강요될 때 그러한 이념은 비판과 교정을 허용하지 않는 것이다. 정치적인 이념에 대하여 금기시하고 비판을 허용하지 않을 때 그것은 이데올로기로 작용하게 된다. 그것은 경직되고 폐쇄적인 이념이 되는 것이며 그런 점에서 이데올로기라고 할 수 있다."(한만길, 2001, 150-151)

6) "진보적 또는 중립적 통일논의는 자유민주주의의 위협이나 북한의 논리를 추종하는 것으로 오도되었다."(박찬석, 2001, 69) 실제로 6·25전쟁과 그 이후에 발생한 북한의 무장첩보원 침투 사건들은 정부의 이런 시각을 합리화시켜 주었었다. 안보가 무엇보다 중요하다는 인식 속에 반공교육이 굳건히 뿌리내릴 수 있었던 것이다.

이념과 체제에 대하여 언급한다 하더라도 그것의 부정적인 측면을 언급해야지, 긍정적인 측면에서 언급하는 경우 피해를 입게 될 것이라는 생각 속에서 자기검열을 하는 현상이 초래되었던 것이다.(한만길, 1999, 9) 그러다 보니 통일교육시범학교로서 '북한 바로 알기' 프로그램을 실시하는 한 초등학교의 교사가 통일교육을 실시함에 있어서 나름대로 옳다고 생각하는 것을 가르치지 못하고 "우리가 교육을 할 때 어디까지 가르칠 수 있는 지 그 한계를 알려 주"면 좋겠다고 말하는 현상이 나타나고 있는 것이다.(이정화, 2000, 58)

반공교육을[7] 철저하게 받은 사람일수록 북한을 무조건적으로 부정하는 경향이 심하여 북한과 통일 문제에 대한 다양한 접근방법 모색 자체를 어렵게 하고 있으며, 이것은 북한이라는 상대를 정확하게 인식하는 데 한계를 갖도록 초래하기도 한다.[8](참고, 한만길, 2001, 152) 북한에 대한 인식의 문제점과 관련하여 한만길은 다음과 같이 말하고 있다. "우리가 알고 있는 북한은 그저 일인독재의 공산주의체제이거나 안보를 위협하는 도발적 집단이라는 정도이다. 아니면 최근에는 헐벗고 굶

---

7) "한국의 반공주의는 공산주의에 대하여 적대적이고 배타적인 논리와 정서를 의미하며 그 중에서도 북한공산주의 체제 및 정권을 절대적인 '악'과 위협으로 규정, 그것의 철저한 제거 혹은 붕괴를 전제하며 아울러 한국(남한) 내부의 좌파적 경향에 대한 적대적 억압을 내포하고 있는 개념이다. 그것은 '일체의 사회적 가치들을 초월하는 것'으로써 '가치판단에 일체의 사실판단을 종속시키는 상태'를" 말한다.(권혁범, 1998, 10-11., 김진균 · 조희연, 1985 참조)

8) "통일교육의 내용에 대하여 교사들이 제기하는 문제를 보면 자본주의에 대한 편파적인 미화, 공산주의에 대한 일방적인 부정, 그리고 북한에 대한 부정적 인식으로 교육내용이 구성되어 있다는 점이다. 즉 자본주의 관련내용에서는 주로 장점만을 기술하고 있으며 자본주의 문제점은 거의 다루지 않는다는 것이며, 반면에 공산주의는 주로 부정적인 특성만을 중심으로 기술하고 있고 공산주의에 대한 내용이 지나치게 큰 비중을 차지하며 이데올로기 교육에 치중하고 있다는 점이다."(한만길, 2001, 125-126)(참고, 한만길, 1992)

"그 동안 교사들은 도덕교과, 통일교육이 정부를 홍보하는 내용으로 구성되어 있기 때문에 지나치게 체제옹호적이거나 획일적인 이데올로기를 주입하려는 경향이 있다는 문제를 지적하였다."(한만길, 2001, 126, 참고, 김성봉, 1990)

주리고 있는 북한 주민을 알고 있을 뿐이다. 이러한 이해의 바탕에는 6 · 25전쟁을 일으키고 남한에 대한 적화통일 야욕을 갖고 있는 우리의 적인 북한이라는 냉전적 인식이 자리하고 있다. 이러한 인식은 북한체제에 대한 인식의 일부이지 전부는 아니다."(한만길, 2001, 59)

기존의 통일교육은 규범적 · 당위적 차원에서 북한 주민들을 동포로 묘사하기는 하나, 그들의 삶과 생활방식을 이해하도록 돕지 못하고 오히려 부정하도록 유도해 오는 이율배반적인 경향을 띠어 왔다. 북한체제를 부정하는 가운데 그 체제 안에서 살아온 주민들의 삶도 오염된 것으로 인식하도록 간접적으로 유도한 측면이 있기 때문이다. 때문에 북한사람들의 생활은 뭔가 이상하다는 생각을 갖게 되었고, 우리 기준으로 북한을 판단하며 우리는 제대로 사는데 북한사람들은 정상에서 벗어났다는 판단을 항상 잠재의식 속에서 하게 된다. 이와 관련하여 이우영은 다음과 같이 말한다.

"북한은 전체적으로 무능하기 때문에 북한사람은 무식하다는 생각을 하게 되는데 여기서 한 걸음 더 나아가면 북한 사람들이 사는 것은 뭔가 특별할 것이고 비정상적일 것이라는 생각이 된다. (…) 리틀엔절스 단원이 앙증맞게 각시 춤을 추면 '참 잘한다'가 되지만 북한의 공연단 아이들이 일사불란하게 춤을 추고 연주하면 '얼마나 훈련을 시켰으면 …'이 된다. 같은 맥락에서 세계적인 외국의 서커스단이 묘기를 부리면 감탄하지만 평양 교예단의 공연에서는 '강압적 훈련'을 연상하는 것이다. 좀 심하게 이야기하면 북한 사람들이 하는 일상적인 일들 모두가 경외의 대상이 된다."(이우영, 2000, 12-13)

때문에 이우영은 북한이 이해의 대상이 아니라, 규범에 따른 판단의 대상이라고 말한다.(2000, 16) 그리고 남북한은 서로 자신들의 이념에 근거하여 상대방을 비판하고, 각자 흑백논리적 시각에서 자신들의 이념이 상대방 것보다 우월하다고 강조해 왔다. 예컨대 남한에서는 북한 사회를 전적으로 부정하는 반면, 남한 사회는 무조건 긍정하는 흑백논리에 기초하여 이데올로기 교육을 실시해 온 것이다.[9](참고, 한만길, 2001, 102) 그리하여 남북한이 서로를 이해하기 보다는 오히려 이질화와 적대감을 재생산해 왔다.(한만길, 2001, 40)

그러나 이규호는 기존의 통일교육이 이데올로기 비판교육으로서의 역할을 해 왔고, 또 앞으로도 과거의 기능을 유지해야 한다고 주장한다. 공산주의사회에서의 정치교육은 이데올로기 교육이고 서방세계의 정치교육은 이데올로기 비판교육이라고 보는 전형적인 이분법적 시각을 갖고 있기 때문이다.(이규호, 146) 이규호의 주장에 내포된 문제점은 왜 자유민주주의는 옹호되어야 하고, 공산주의는 비판되어야 하는지에 대하여 논리적 근거를 제시하지 않고 공산주의는 공산주의이기 때문에 비판하고 또 자유민주주의는 자유민주주의이기 때문에 옹호해야 한다는 식의 동어반복을 하는데 있다. 그리고 '정치교육 = 이데올로기 비판교육'이라고 가정하고 정치교육이 필요하기 때문에 이데올로기 비판교육이 필요하다는 식으로 논리전개를 하는데, 이런 것도 문제라 하겠다. 부정되어야 할 대상이 왜 부정되어야 하는지를 증명하지 않고, 우선 부정되어야 할 것으로 전제한 다음, 논리를 전개하는 이론은 그 자체가 이데올로기로 전락할 가능성이 많은데 이규호의 주장이 그런 성향을 지니고 있는 것이다. 이규호의 이데올로기 비판교육에 대한 개념정의는 다음의 글에서 잘 나타나고 있다.

"역사적으로 많은 나라들은 국민들에 대한 도덕교육을 통해 이데올로기 비판교육을 대신하여 왔다. 예를 들면, 이조시대에 우리나라는 유교적인 도덕교육을 통해서 그 당시의 지배체제의 존속을 위해서 필요한 교육을 실시하였다. 왕에 대한 국민의 충성과 정신적, 사회적 질서가 그러한

---

9) 북한의 교육은 남한의 교육과 대칭적이다. 북한식 사회주의체제가 남한의 자본주의체제보다 우월하다고 주장하며, 남한의 주민들이 억압받고 착취당하며 헐벗고 굶주림으로 어렵게 사는 것처럼 묘사하고 있다.(한만길, 2001, 205-208).

교육을 통해서 보장되었을 뿐만 아니라 통치자와 피통치자를 위한 윤리적 규범들이 그러한 유교적인 도덕교육을 통해서 철저하게 학습되었다.

오늘날도 많은 나라들이 도덕교육을 시대적인 상황과 사회적인 여건에 맞게 조정해서 바람직한 국민을 교육하는 이데올로기 비판교육을 여러 가지 명칭으로 대신하고 있다. 특히 자유세계에서는 지금까지 공산주의 국가들에서 사용되고 있는 정치교육의 개념을 회피하기 위해서 민주시민교육이나 또는 도덕교육으로써 이를 대치하는 나라들이 많아지고 있다."(이규호, 188)[10]

위의 글에서 이규호는 지배체제의 존속을 위한 교육을 도덕교육이라고 말하고, 또 도덕교육은 '이데올로기 비판교육'을 대신하는 개념이라고 주장한다. 그런데 사실은 체제유지를 위한 교육이 대체적으로 이데올로기 교육으로 기능해 왔다는 점을 고려할 때, 이규호가 말하는 '이데올로기 비판교육' 그 자체가 (또 하나의) 이데올로기로 기능해 온 것은 아닌가하고 생각하게 된다.

물론 반공주의가 남한 사회에 뿌리 깊게 자리잡은 데에는 북한의 책임도 크다. 6 · 25전쟁의 체험과 그 이후 지속되어 온 무장첩보원 침투행위는 남한 사회에서 반공주의를 필요한 것으로 만드는 데 기여하였다. 그러나 이데올로기 교육으로 실시되어 온 기존의 통일교육이 미친 부정적 영향도 엄청나게 큰 만큼 이제는 통일교육이 이데올로기 교육의 구태를 벗어날 때가 되었다. 이와 관련하여 오기성은 다음과 같이 말한다. "결국, 반공 지향의 교육은 북한에 대한 전적인 부정과 동시에 남한에 대한 전적인 긍정이라는 흑백논리에 기초하고 있다. 또한 북한에 대

10) "인간의 행동을 개인적인 측면에서 생각하고 그 행동을 바람직한 방향으로 인도하고자 할 때에는 우리는 그것을 도덕교육이라고 말할 것이고, 인간의 행동을 정치적으로 의의가 있는 사회적인 현상으로 보고 그러한 행동을 바람직한 방향으로 유도하려고 한다면 우리는 그것을 국민정치교육, 즉 이데올로기 비판교육이라고 말할 수 있을 것이다."(이규호, 188-189)

한 적대감, 경계심을 고취시키는 부정적 감정에 호소하는 방법으로 시도되었다. 따라서, 이러한 의미의 이데올로기 교육은 과거에서는 타당성이 있었으나, 앞으로 우리가 추구하고 있는 북한에 대한 화해와 수용, 남한과의 협력, 통합과 같이 민족공동체적인 화합을 추구하는 데에는 한계가 있을 수밖에 없다. 이제 남북간의 화해와 협력을 추구하고 통일을 지향하는 시점에서 반공교육은 진정한 의미의 통일을 위한 교육이라고 보기는 어렵다." (이근철·오기성, 2000, 94)

북한에 대한 교육을 실시함에 있어서 한만길은 북한에 대한 환상에 빠지는 것은 경계해야 하지만, 장점까지도 비하하는 자세는 삼가야 한다고 주장한다. 그리고 다음의 글에서 볼 수 있듯이 우리의 단점과 약점은 은폐하고 우월성만 부각시키는 것은 피해야 한다고 말한다. "통일교육의 내용에 대하여 교사들이 제기하는 문제를 보면[11] 자본주의에 대한 편파적인 미화, 공산주의에 대한 일방적인 부정, 그리고 북한에 대한 부정적 인식으로 교육내용이 구성되어 있다는 점이다. 즉 자본주의 관련내용에서는 주로 장점만을 기술하고 있으며 자본주의 문제점은 거의 다루지 않는다는 것이며, 반면에 공산주의는 주로 부정적인 특성만을 중심으로 기술하고 있고 공산주의에 대한 내용이 지나치게 큰 비중을 차지하며 이데올로기 교육에 치중하고 있다는 점이다." (125-126) 이렇게 북한을 부정하는 방식으로 북한교육이 남한 사회에서 실시되다 보니, 북한에 대한 관심이 점점 없어지게 되는 것은 자연스러운 현상이다. 아래의 글에서 북한을 탈출하여 남한의 중학교에 편입한 한 학생이 학교생활에서의 체험을 이야기한 것은 우리의 통일교육을 통하여 청소년들이 북한에 대하여 어떻게 인식하도록 유도해 왔는지를 잘 보여주고 있다.

"북한에 대해 일단 관심이 없구요. 만약 있다고 해도 고정된 관념이나 제가 보기에도 안 좋은 것만 … 일단 불쌍하다거나 그런 걸로 … '얼마나

---

11) 한만길, 1992a, 491-492.

못사냐?' '사람고기 먹는다는데 진짜냐?' 뭐 이런거 부정적으로만 보고
… 애들은 제대로 인식하는 것 같지 않아요. 애들은 북한사람들에 대해서
반대로 인식하고 있는게 있어요. 사실 사람사는 거 다 똑같잖아요. 거기
애들은 뭐 먹느냐. 뭐 하느냐 그런 황당한 질문을 막 해요." (한만길, 2001,
256)

현행 북한교육의 문제점에 대하여 이근철·오기성도 한만길과 동일
하게 인식하며 아래의 글에서 남한에서 북한을 평가하는 기준이 얼마나
타당한지에 대한 문제가 있다고 말한다.

"북한사회에 대한 객관적인 이해를 기초로 평가를 내리게 되지만, 그
평가의 기준이 무엇인지 불분명하다. 무조건 남쪽이 옳고 바람직하다는
기준을 설정하여 평가를 내리려고 할 경우, 현재 남한의 정치적, 경제적,
사회문화적 모습에 대해 청소년들이 긍정적으로 보고 있을까 하는 의구심
을 갖게 되면, 설정된 기준은 얼마나 타당하며, 평가된 결과를 얼마나 그들
이 수용하게 될까 하는 문제가 항상 제기된다." (2000, 56-57)

"(…) 따라서, 우선 남북간의 이데올로기적 대립을 지양하는 방향에서
교육내용을 설정하는 관점이 수정되어야 한다. 남한의 민주주의와 자본주
의 이념과 현실이 북한의 사회주의와 공산주의보다 일방적으로 우세하다
는 식의 편파적인 시각은 탈피해야 한다. 남한체제의 장점이 있는가 하면
단점도 있음을 인정해야 하고, 교육에서는 이러한 현상을 객관적으로 이
해할 수 있게 해야 한다. 또한 북한체제의 단점이 있는가 하면 나름대로
장점을 갖고 있음을 인정하고 이를 교육해야 한다. 오늘날 소련을 비롯한
공산권의 국가가 몰락하고 있지만, 그러한 현상은 공산주의 자체의 문제
와 모순에서 비롯되는 것이다. 공산주의 국가의 몰락이 곧바로 자본주의
국가의 일방적인 승리를 의미하는 것은 아니다." (78-79)

"한편, 남북한 화해의 관점에서 볼 때 이데올로기의 화합과 상호보완이 더욱 절실하다. 교과서에서 남한의 자유민주주의와 자본주의의 이념과 실제가 모든 점에서 북한의 사회주의와 공산주의 이념보다 우월하게 기술되어 있는데, 이것을 객관적으로 이해할 수 있는 방식으로 기술되어야 한다. 즉, 남한체제가 지향하는 이념의 우수성과 동시에 현실적으로 나타나고 있는 문제점을 소개하여야 한다. 반대로, 북한체제의 문제점과 동시에 북한체제가 지향하는 이념의 특징과 장점을 소개해야 한다.[12] 결국, 남한과 북한의 장점과 단점을 변증법적으로 종합하는 관점을 지향해야 한다는 것이다."(79)

여기서 이근철·오기성은 북한체제가 지향하는 이념의 장점이 구체적으로 무엇이고, 또 그것과 남한의 장점을 어떻게 변증법적으로 종합할 수 있는 것인지에 대하여 구체적으로 말하고 있지 않다. 북한의 이념과 체제에 대하여 언급할 경우 그것의 부정적인 측면을 언급해야지, 긍정적인 측면에서 언급하는 경우 피해를 입게 될 것이라는 점 때문에 자기검열을 하는 현상이 만연되어 온 상황에서 충분히 이해할 수 있는 대목이다. 이런 여건 속에서 한만길은 북한이탈주민의 표현을 빌어 북한체제의 장점을 다음과 같이 설명하고 있다.

"탈북자들의 말을 빌리면 북한은 목표를 달성하기 위하여 대단히 정교하고 효율적인 교육방법을 적용하고 있다고 한다. 또한 북한의 교원들은 높은 책임감을 갖고 열성적으로 학생을 지도한다는 것이다. 그러면서 남한 학교에서는 학생들을 책임지고 지도하지 않기 때문에 학교를 마친 이후에는 학원과 개인과외에 매달리게 된다고 비판한다. 탈북자들이 남한 교육에 대하여 갖는 가장 큰 불만이 과외이고 입시경쟁이다.

북한 당국이 교육 발전을 위하여 심혈을 기울여 왔음에도 불구하고 최

---

12) 한만길, 1992b.

근 들어 장기적인 경제 침체와 물자 부족으로 인하여 교육여건이 대단히 열악한 실정이다. 학생들에게 공급되는 교과서와 학용품의 질적 수준은 대단히 조잡한 형편이며, 학교에서 필요한 거의 모든 교육물자가 부족하고 제대로 공급되지 않고 있는 것으로 알려져 있다. 그럼에도 불구하고 국가가 국민들의 교육을 전적으로 책임지는 북한의 교육체제는 나름대로 우리에게 중요한 시사점을 던져 주고 있다."[13]

북한체제의 장점을 전혀 거론하지 않는 남한의 북한교육에 대하여 북한이탈학생이 한 말을 보면 다음과 같다.

"교과서에서(남한교과서에서; 본 과제의 필자) 북한도 하나의 나라로서, 나라마다 문화가 있잖아요. 나쁜 쪽 말고 좋은 쪽으로 이해하는 방향으로 해 줬으면 좋겠어요. 교과서는 늘 비난하는 식이죠. 예를 들어 언어 차이가 있다면, 한국은 외래어를 많이 쓰는데, 북한은 순수 우리말만 쓰잖아요. 그런 건 좋은 건데, 한국사람들 볼 때는 그 소리가 우습잖아요. 반대로 북한사람들이 한국말 보면 웃는다구요. 남한사람들은 한국말 안 쓰고 영어 쓰면서 저렇게 좋아하냐? 뭐 그러구요." (한만길, 2001, 256)

다음의 글은 남북한 주민들을 비교하며 한만길이 북한 주민들의 장점을 보다 구체적으로 말한 것이다. 남한은 북한보다 물질적인 측면에서 풍요로움을 누리고 있으나 "사기, 폭력, 성폭행이 만연하는 등 정치, 사회, 문화적 도덕성의 붕괴가 상당히 심각한 수준에 와있"는 반면, 북한 주민들은 "도덕성, 정직성, 순박함 등"의 측면에서 남한 주민들보다 높은 수준을 유지하고 있다는 것이다.(한만길, 2001, 70-71) 사실 바로 이런 차이점 때문에 북한이탈주민들의 많은 수가 남한에 와서 적응하지 못하는 경우가 발생하고 있다.

---

13) 한만길, 2000, 39.

가장 바람직한 것은—1990년에 동독주민들이 서독식 체제를 선택하였던 것처럼—훗날 북한 주민들도 남한 사회를 선택하는 방식으로 통일이 이루어지는 것인데, 향후 남북한의 교류·협력이 활발해지고 주민들 간의 접촉이 많아지며 북한 주민들이 남한 사회의 부정적인 측면을 알게 될수록 과연 북한 주민들이 남한체제를 그렇게 쉽게 선택하게 될지에 대하여 회의적인 생각이 든다. 남한 사회가 좀 더 바람직한 방향으로 변화하지 않는다면 현재 북한이탈주민들이 남한 사회에서 체험하는 부정적인 현상들을 북한 주민들도 교류·협력과정에서 똑같이 경험하게 될 것이기 때문이다.

때문에 남한 사회의 긍정적인 측면은 그대로 살리면서 단점을 개선하는 노력이 필요하다. 그래야만 북한 주민들이 보다 쉽게 남한 사회를 통일한반도의 모델로 선택하게 될 것이기 때문이다. 그런데 이런 것이 가능하도록 하기 위해서 우리는 북한 주민들이 우리 사회를 어떻게 평가할 것인가에 항상 주목하면서 통일교육을 실시해야 한다. 남한의 경제력이 북한의 경제력보다 월등하게 높은 수준에 있다는 사실에만 만족할 수 없고, 이런 우월의식 속에서 북한을 바라보도록 하는 교육이 되어서는 안 된다는 얘기다.

그러자면 위에서 한만길과 이근철·오기성이 지적한 것처럼 북한을 부정일변도로 묘사할 것이 아니라 남북한의 장단점을 비교하면서 객관적인 인식을 도모하는 것이 필요할 것이다. 물론 현재 굶주림 속에서 생사의 기로에 선 북한 주민들이 탈북행렬 속에서 남한 사회에 오는 것을 갈망하지만, 그들이 알고 있는 남한 사회는 '있는 그대로의 남한'이 아니고, 어떻게 보면 환상에 기초한 것이라고도 할 수 있다. 그래서 이들이 정작 남한 사회에 와서는 대부분 적응하는데 많은 문제를 갖게 되는 것이다. 다음에 한만길과 이근철·오기성 외에 또 한 사람의 통일교육 전문가인 추병완의 말을 들어보자.

"그러나 지금까지의 통일교육은 북한사회를 바르게 이해하는 데 도움

을 줄 수 있는 내용이 부족함과 동시에 남한 체제의 우월성을 강조하는 이
념교육의 한계를 벗어나지 못했다. 이제 통일교육의 목표는 현상학적 접
근법이 시사하고 있는 바와 같이, 북한의 생활 세계를 바르게 이해하고, 북
한 주민들과 화해하면서 우리 공동체의 일원으로 포용하여 함께 살아갈
수 있는 대상으로 인식하는 데 중점을 두어야 한다.(한만길, 1999) 따라서
새로운 통일교육은 학생들이 북한 사회의 신발을 신고, 북한 주민들의 의
식과 가치관, 생활 방식들을 객관적으로 이해할 수 있도록 도와줄 수 있는
방향으로 전개되어야 한다."(14)

   인용문에서 보듯 추병완도 북한교육과 관련하여 기본적으로 한만길
이나 이근철 · 오기성과 같은 생각을 갖고 있음을 알 수 있다. 다시 말
해서 현재 통일교육 분야의 전문가로 평가받고 있고, 이념적으로 중립
적인 성향을 보이고 있는 한만길과 이근철 · 오기성 그리고 추병완 모
두 같은 목소리로 이데올로기 교육의 한계를 벗어나지 못한 기존의 통
일교육이 지닌 문제점을 지적하고 있는 것이다. 그런데 북한교육의 문
제점과 해결방안에 대하여는 정부(통일부)도 위에서 언급한 통일교육
전문가들과 같은 인식을 공유하고 있다. 『2002 통일교육기본지침서』에
나타난 다음의 글들은 정부 또한 문제의 핵심이 어디에 있고, 어떤 방향
으로 북한교육이 이루어져야 함을 잘 인식하고 있다는 사실을 알게 해
준다.

(2) 『2002 통일교육기본지침서』의 북한교육

   "통일교육의 내용이 객관적이지 못하다는 비판은 특히 '북한의 실상'
에 관한 내용요소에서 많이 제기되었다. 예를 들어, 북한의 현실을 다룸에
있어서 김일성 · 김정일 개인 숭배와 같이 정치 체제 및 이념을 중심으로
하는 부정적인 측면만을 크게 부각시킴으로써, 학습자들이 북한사회체제
를 총체적이고 객관적으로 파악하는 데에 크게 도움을 주지 못했다.

북한의 실상을 제시할 때에는 마땅히 북한의 지도이념·체제논리와 주민들의 생활세계를 구별해야 하고, 통제된 사회에서 살고 있는 국민들 사이에서도 상당한 개인적 욕구와 그것을 분출하고자 하는 사회적 공간이 있음을 분명하게 제시할 필요가 있다. 혹시라도 1인 독재 체제인 북한체제의 특성만을 오로지 부각시켜 북한 주민 전체가 김일성·김정일의 꼭두각시에 불과하다는 식으로 진술하게 되면, 같은 인간으로서 생생한 삶을 살고 있는 북한주민들의 변화에 대한 욕구를 무시하고 오히려 북한 주민에 대한 이질성만을 조장하는 역효과를 낼 수도 있다.

즉 북한의 현실을 다룸에 있어서 우리의 관점에서 파악된 부정적인 측면이나 단점만을 들추어내려는 시도에 치우치다 보면, 북한에 대한 객관적 이해를 저해함은 물론 상당한 이질감을 조장하는 결과를 낳을 수도 있음을 명시해야 한다.

(…), 따라서 북한의 사회제도나 생활방식을 제시할 때 우리는 '북한의 신발을 신고 북한 사회를 바라보는', 즉 있는 그대로의 접근과 아울러 보편적 가치기준에 입각한 접근이 요청된다."(지침서, 117)

"그래야만 학습자들이 북한체제의 장점과 단점을 객관적·총체적으로 파악할 수 있게 된다. 객관적으로 파악된 정보들은 학습자들이 통일 문제에 대한 공정하고도 합리적인 판단을 내리는데 도움을 주게 될 것이며, 이러한 이해와 판단의 경험은 그들로 하여금 통일 문제에 적극적·능동적으로 참여할 수 있는 민주시민적 자질을 지닐 수 있게 해 줄 것이다."(지침서, 118)

괄목할 만한 사실은 '북한체제의 장점'이라는 표현이 통일교육기본지침서에 등장한다는 것이다. 다만 정부 북한교육의 한계는 현 상황에서 스스로 북한체제의 장점에 대한 구체적인 언급을 할 수 없다는 데 있다. 왜냐하면 그럴 경우 북한을 미화한다는 비판을 받을 수 있기 때문이다. 현행 법에 저촉되어 문제를 초래할 수 있기도 하다. 때문에 『2002

통일교육기본지침서』에서 다음의 글이 보여주는 것처럼 북한교육을 균형있게 해야 할 필요성을 강조하고 있으면서도, 실제로는 북한 주민들의 삶에서 보여지는 긍정적인 모습을 거의 설명하지 못하고 있다.

"(…), 객관적 현실에 기초해서 북한을 이해해야 한다. 현재의 북한이 처한 대내외적 환경과 북한의 구체적인 실상에 근거하여 '있는 그대로의 북한'을 바라보아야 한다. 즉, 북한과 관련한 사안에 대해서 무조건 부정적으로 보거나 혹은 반대로 무조건 긍정적으로 이해하려는 것이 아니라, 객관적으로 북한을 이해하고 이를 바탕으로 옳고 그름을 따져보는 현실적 자세가 필요하다.
   (…) 북한 체제의 단편적 이해가 아닌 북한 사회의 전반적인 내적 작동원리를 이해함으로써 남북관계의 변화에 일희일비하지 않고 의연하게 대처해 나가는 능력을 배양해야 한다."(지침서, 23)

"이는 북한의 대내외 정책에 대한 올바른 이해를 위해서는 단순한 식량난, 경제난 등 현재 나타난 현상에 머물지 않고 이러한 현상들을 가져오게 한 '북한적 요소' 또는 '북한적 현상'이 무엇인지 우선적으로 밝혀낸 다음, 자유민주주의, 인권, 복지 등 보편적 가치기준에 비추어 비판적으로 재해석하려는 노력이 필요함을 뜻한다. 상대를 알고 나를 알면 매사에 성공하지 못할 일이 없지만, 그 동안 우리는 통일 문제에서 이 상식을 등한시해온 측면이 있었다."(지침서, 23-24)

"(…), 북한 교육제도의 장점과 단점을 비교한 뒤 그 속에서 자라나는 북한의 청소년과 우리 청소년들이 공유할 수 있는 부분이 무엇인지 확인하는 기회를 제공한다."(지침서, 43)

"(…), 북한주민의 가정생활도 정치적인 측면을 제외하면 우리와 크게 다를 바가 없으며, 가족 구성원 사이에 인간적인 정을 나누고 서로 아끼며

사랑하는 관계를 중요하게 여긴다는 점을 이해하도록 이끌어준다."(지침
서, 45)

특히 마지막으로 인용된 부분에서 북한 주민들도 우리와 다름없이 인
간적인 정을 나누며 서로 아끼고 사랑하는 관계를 중히 여긴다는 점을
이해하도록 이끌어주어야 한다는 것은 매우 중요한데, 『통일교육기본
지침서』에는 북한 주민들이 나름대로 행복을 추구하며 산다는 것이 설
명되지 못하고 있다. 사실 북한 주민들이 어떻게 행복을 추구하면서 살
고 있는지를 이해하지 못하면, 그들을 제대로 이해한다고 말할 수 없음
에도 그렇다. 이런 문제점을 극복하기 위하여 지난 몇 년 동안 통일교육
의 '새로운 패러다임'을 추구하며 진행되어 온 논의를 살펴보면 다음과
같다.

(3) 대안과 대안이 지닌 문제점

한만길은 기존의 통일교육이 지녀 온 문제점을 극복하기 위하여 향후
북한교육이 기존의 체제 · 이념적 접근방법을 탈피하여 사회 · 문화적
접근방식을 취해야 한다고 주장한다.(한만길, 2001, 133) 북한 주민들을
우리와 함께 살아야 할 동포로 본다면 남한 주민들이 북한 주민들을 이
해하고 더불어 살아갈 수 있는 마음을 가질 수 있도록 교육하는 것이 필
요한데 기존의 체제 · 이념적 접근방법은 이렇게 하기엔 근본적인 한계
를 보여준다는 것이다. 이데올로기 교육에 치우쳤던 기존의 체제 · 이념
적 접근방법은 남북한의 차이점과 이질성을 부각시키는 데는 효과가 있
으나, 동질성을 찾아가는 데는 역작용을 하기 때문이다. 그래서 관념적
이고 추상적인 방향에 치우쳤던 도덕교육론적 접근방식을 탈피하여
"사실에 입각하여 구체적으로"(133) 생활문화에 초점을 맞추어 북한 주
민들의 생활상, 전통문화와 관습 등을 가르치면서 남한 주민들의 것과
같은 점도 있고 다른 점도 있다는 사실을 알려주는 것이 필요하다고 주
장한다.(한만길, 2001, 23) 이러한 한만길의 주장에 추병완도 동조하며

같은 내용의 이야기를 하고 있다.

　"이렇듯 현상학은 통일교육에 있어서 우리가 무엇에 주의를 기울여야
하는지를 잘 설명해 주고 있다. 즉, 앞으로의 통일교육은 북한 사회에 대
한 객관적이고 합리적인 이해를 도모할 수 있는 내용과 방법에 의해 이루
어지는 통일교육이 되어야 한다. 이를 위해서는 이념과 체제를 강조하는
교육보다는 생활 세계에 초점을 맞춘 교육이 실시되어야 하며, 학생들이
온갖 편견 없이 객관적으로 북한 사회를 조명하고 해석해 볼 수 있는 눈과
의식을 길러 주는 교육이 되어야 한다."(14)

　한만길이 제안하는 사회·문화적 접근방법은 이데올로기 교육에 치
우쳤던 기존의 체제·이념적 접근방법의 한계를 극복하려는 시도라는
점에서 긍정적으로 평가할 수 있는 측면이 있다. 그러나 이러한 시도가
가진 문제점은 체제·이념적 접근방법을 도외시하고 사회·문화적 접
근만 지나치게 강조하는 데 있다. 사회·문화적 접근방법에 치우친 북
한교육에서 나타날 수 있는 문제점은 현재 남한에 살고 있는 한 북한출
신 대학생의 다음과 같은 말이 잘 지적하고 있다. "계획경제 체제에서
살았던 북한 주민들의 삶의 배경을 이해하지 않고 단순히 남한 주민들
과 비교하여 경쟁능력의 부재를 그들의 무능으로만 돌린다면 그들을 절
대로 수용하지 못할 것이다."(한만길, 2001, 240) 이것은 체제·이념적
접근을 외면하고 사회·문화적으로만 접근하는 것이 문제를 초래할 수
있음을 잘 시사해주는 대목이다.

　한만길은 그의 책에서 북한출신 대학생의 남한 사회 체험담을 이렇듯
서술하면서도 사회·문화적 접근방식의 중요성을 강조하는 가운데 논
리적으로 적절치 못한 결론에 도달하게 된다. 체제·이념적 접근방법은
그만두고 사회·문화적 접근방법(만)을 취하자는 식으로 논리를 전개
하기 때문이다. 다음의 표는 한만길이 "평화공존을 위한 통일교육 모
형"을 만들면서 기존의 통일교육 모형으로 명명된 "체제 우위 모형"과

〈그림 1〉 평화공존을 위한 통일교육 모형

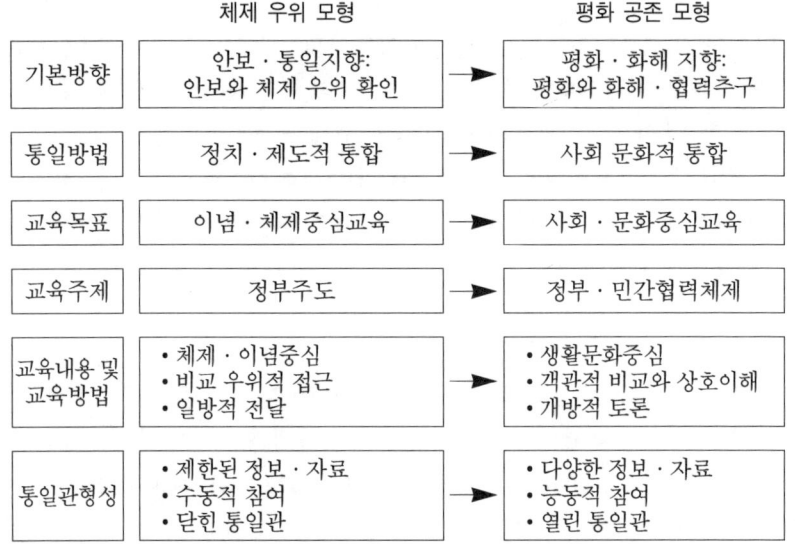

	체제 우위 모형		평화 공존 모형
기본방향	안보 · 통일지향: 안보와 체제 우위 확인	→	평화 · 화해 지향: 평화와 화해 · 협력추구
통일방법	정치 · 제도적 통합	→	사회 문화적 통합
교육목표	이념 · 체제중심교육	→	사회 · 문화중심교육
교육주제	정부주도	→	정부 · 민간협력체제
교육내용 및 교육방법	• 체제 · 이념중심 • 비교 우위적 접근 • 일방적 전달	→	• 생활문화중심 • 객관적 비교와 상호이해 • 개방적 토론
통일관형성	• 제한된 정보 · 자료 • 수동적 참여 • 닫힌 통일관	→	• 다양한 정보 · 자료 • 능동적 참여 • 열린 통일관

출처: 한만길, 2001, p. 40.

비교한 것이다.

물론 한만길은 기존의 체제 · 이념적 접근방식이 초래한 문제점을 극복하기 위한 방편으로 사회 · 문화적 접근방식을 강조하고 있다. 그러나 기존의 체제 · 이념적 접근방식이 잘못된 형태로 운영되어 문제를 초래했다 해서 체제 · 이념적 접근방식 그 자체를 소홀히 평가하며 사회 · 문화적 접근방식만을 강조하는 것은 바람직하지 않다. 왜냐하면 북한의 체제와 이념도 알아야 하기 때문이다.

중요한 것은 체제 · 이념적 접근방식을 편향되지 않고, 균형감 있게 운영하며 사회 · 문화적 접근방식과 조화를 이루어내는 일이다. 그런데 이 작업이 쉽지 않다는 데 문제가 있다. 그렇기 때문에 민간통일교육 교재들이 정부 북한교육의 문제점을 지적하고는 있지만, 스스로 대안 제시를 하는 과정에서 본질적인 문제를 해결하는 데는 큰 도움이 되지 못하고 있다. 아직 연구의 깊이가 부족하기도 하지만, 본질적인 문제를 비켜가기 때문이기도 하다.

물론 피교육자들을 대상별로 나누어 눈높이에 맞게 다른 접근방법을 시도하는 것은 바람직하다. 예컨대 초등학생과 중 · 고등학생 등 나이가 어린 학생들일수록 사회 · 문화적 접근방법을 시도하여 "그들의 의식심층부에 민족공동체인식이 자리 잡도록" 하고, "그러한 심층인식 위에 여러 갈래의 정치의식이 자라나도록" 하는 것이 바람직할 수 있다.[14] 그리고 대학생과 성인들에게는 체제 · 이념적 접근방법과 사회 · 문화적 접근방법을 병행하여 종합적인 인식을 할 수 있도록 하는 것이 바람직할 것이다.

이근철 · 오기성 또한 기존의 체제 · 이념적 북한교육이 남북한 주민들의 동질성을 발견하게 하기 보다는 오히려 이질감만 확인시켜주고 적대감까지 만들어 오면서 남한 주민들이 북한 주민들을 통일의 '동반자'로 인식하기 어렵게 만들어 온 점을 지적하면서 이제는 '생활문화교육'을 실시해야 함을 강조하고 있다.

"전반적으로, 학생들은 북한에 대해 부정적인 인식을 갖고 있으며, 이런 인식은 통일 이전, 이후에 올바른 북한 이해를 저해하는 걸림돌로 작용할 수 있다.[15] 이런 부정적 인식은 뛰어난 이론가도 융합점을 만들기 어려운 상이점을 가진 '이념과 체제' 중심의 통일교육의 부산물이란 성격이 없지 않다.

따라서, 이러한 문제들을 극복하고 학생들이 통일과정에서 북한 주민을 친숙한 동포로 '느끼게' 하고, 통일과정과 통일사회에서 남한 동포들이 북한 동포들을 상호 존중하며 대할 수 있는 능력을 길러 주기 위해서는 '체제, 사상, 이념' 만이 아니라, 북한 주민들의 의식과 가치관, 생활방식

---

14) 김주성, 2000. 65.
15) 한만길, 1999. 3.

등 생활문화에 대해 집중적으로 교육하여야 한다. 북한 주민의 생활문화
에 대한 이해교육은 남북한 주민이 한 민족으로서 동질성을 갖고 있음을
확인하고 '같음'을 느끼게 하는 교육이며, 동시에 서로의 차이를 바로 인
식하는 '다름'에 대한 이해를 통하여 상호 존중의 기반을 형성하는 교육
으로서 통일을 준비하는 생활교육이다. 뿐만 아니라, 이런 교육내용이 통
일교육의 주요 내용이 될 때 학생의 흥미를 끌 수 있게 될 것이다."(103)

여기서 주목할 것은 이근철·오기성이 한만길과는 달리 '생활문화교
육'과 병행하여 체제와 이념 그리고 사상에 대한 교육을 실시해야 함을
강조하고 있다는 점이다. "물론, 기존의 통일교육이 행해 온 체제, 이념,
사상에 대한 교육도 이러한 이해를 높이기 위한 교육내용으로서 꼭 필
요하다. 그런데 이와 관련해 깊이 생각해 보아야 할 점은 이러한 '남북
의 차이'에 대한 교육이 '가치'의 우월성을 앞세워 북의 변화를 전제로
남북의 동질성을 회복해야 한다는 의식을 형성하는 교육적 지향은 지양
될 필요가 있다는 점이다."(103-104)

이근철·오기성에게 있어 체제·이념적 북한교육이 사회·문화적 북
한교육과 함께 필요한 이유는 이렇게 해야 남북한 주민들의 동질성과
이질성을 동시에 확인하면서 서로의 의식이나 가치관의 차이에 대한 정
확한 인식이 가능하기 때문이라고 한다. 그리고는 남북한의 장단점을
"보편적 및 민족적 가치기준에 비추어 평가하고, 양 사회가 지닌 문제점
을 제시하며, 나아가 바람직한 방향을 설정"할(206) 수 있기 때문이라는
것이다. 근래에 기존의 북한교육에 나타난 문제점을 극복하는 방법으로
사회·문화적 접근방법이 강조되고 있으며, 이것에 기초한 것을 통일교
육의 '신 패러다임'인 것처럼 인식하는 경향이 많다. 그러나 이런 인식
은 편향된 것으로서 시정되어야 하겠다.

민간차원에서는 기존의 북한교육에 대한 비판과 함께 최근 많은 변화
가 모색되고 있는데, 그 변화의 방향은 크게 두 가지로 분류할 수 있다.
첫째는 위에서 살펴본 바와 같이 기존의 북한교육이 체제·이념적 접근

방법에 치우쳤기 때문에 이제부터라도 사회·문화적 접근방법을 통해
북한 주민들의 생활문화에 초점을 맞추어야 한다는 것이다. 둘째는 평
화교육이나 인권교육 등을 통해 기존의 북한교육이 초래한 문제를 극복
하자는 입장이다. 이 두 가지는 민간차원의 통일교육에서 동시에 추구
되는 경우가 많은데, 여기서는 문제점 설명을 위해 내용적으로 구분하
였다. 다음 절에서는 두 번째의 시도를 고찰하기로 한다.

3. 새로운 시도들: 통일교육의 다원화

　서로 다른 체제 속에서 50년 이상을 살아 온 남과 북의 주민들이 평화
적으로 통일을 이루어내기 위해서는 우선 다르게 살아온 삶을 상호간에
인정하고 존중하며, 그 바탕 위에서 건설적인 대화를 통해 합의점을 찾
아나가는 것이 필요하다. 그런데 기존의 통일교육은 이데올로기 교육으
로 실시되며 남과 북의 '다름'을 '차이'로 인정하지 않고 대북적대감이
나 우월의식 등을 조장하며 '차별'로 연결짓도록 유도해 온 경향이 많
았다. 때문에 이런 문제를 극복하는 대안으로 평화교육을 통일교육에
접목시키면서 다원화를 시도하거나 아니면 아예 통일교육대신 평화교
육이나 탈분단교육을 실시하는 것이 바람직하다는 주장도 각각 제기되
어 왔다. 이들 교육과 관련해서도 긍정적인 측면과 부정적인 측면을 동
시에 발견할 수 있는데, 우선 평화교육의 경우를 살펴보면 다음과 같다.

1) 평화교육을 통한 통일교육의 다원화

　평화교육으로 '다름'을 인정하면서 이데올로기 문제를 극복하자는
입장은 크게 보아 두 유형으로 분류할 수 있다. 하나는 평화교육과 통일
교육의 밀접한 상호의존성을 주장하며 평화교육이 통일교육의 출발점
이 되어야 한다거나 분단구조의 한반도에서 평화교육은 통일교육의 형

태를 띠지 않을 수 없다고 주장하는 입장이다(고병현, 2000, 1998, 이근철·오기성, 2000, 한만길, 2000, 정용민, 1999 등). 그리고 다른 하나는 기존의 통일교육에 문제가 많기 때문에 평화교육으로 통일교육을 보완하는 것을 넘어서서 아예 통일교육을 평화교육으로 대체하자는 입장이 있다. 대표적인 예가 '(사)평화를 만드는 여성회' 다.

전자의 경우에 있어서 평화교육이 통일교육의 출발점이 되어야 하는 이유를 이근철·오기성은 다음과 같이 말하고 있다.

> "평화교육이 통일교육의 출발점이 되어야 하는 이유는 다음과 같다. 그동안 남북 분단이 우리 민족과 사회에 가져온 다양한 형태의 비평화적 상황에 대한 이해와 이를 해결할 수 있는 능력이 전제된 가운데, 민족의 동질성 회복과 통일을 적극적으로 준비하려는 통일의지 및 실천능력이 함양되어 나가야 하기 때문이다. 그리고 우리 사회 내부에서 평화를 만들어 가려는 의식과 능력의 제고는 통일을 만들어 가는 과정에서 일어날지도 모를 한반도 전체의 사회·심리적 갈등 및 부조화를 해결할 수 있는 능력으로도 연결될 수 있기 때문이다."(72)

이 외에도 이근철·오기성은 평화교육이 근본적으로 나와 다른 사람들과 어떻게 더불어 살아야 할 지를 가르치며, 사회 내에 존재하는 문제점이나 갈등관계를 폭력이나 공격적인 방법이 아닌 대화와 합의를 통해 해결하도록 유도한다는 점에서 의의를 찾기도 한다.(104) 물론 이러한 주장들은 설득력이 있고, 평화교육이 기존의 통일교육을 보완할 수 있는 긍정적인 측면을 잘 제시하고 있다.

정용민의 경우 한반도에서의 평화와 남과 북의 평화를 떠나서 생각할 수 없다는 점을 지적하며 평화교육이 "그 역사적, 사회적 맥락으로 통일교육과의 관계를 벗어나서는 제대로 성립될 수가" 없으며, 또 우리가 추구하는 통일이 힘의 우위에 의한 일방적인 통일이 아니라 상호합의에 의한 평화통일을 지향하기 때문에 평화교육과 통일교육이 밀접한 상호

의존관계에 있다고 주장한다.(1999, 34-35) 특히 남과 북이 서로 다른
체제에서 살아 온 것을 인정하고, 그 바탕 위에서 더불어 사는 자세를
함양하는 것은 '당위적인 논리'로 이루어지는 것이 아니기 때문에 통일
교육이 학습자로 하여금 '타자 존중'과 '평화 사랑'을 체득할 수 있도
록 평화교육적인 내용 중심으로 실시되어야 한다고 말한다.(1999, 36)

고병현도 평화교육이 통일교육의 출발점이 되어야 하는 이유를 "반
공교육도, '북한 바로 알기'도 통일을 담보하지 못"하고 기존의 통일교
육이 나와 다르게 생각하는 사람, 나와 이해관계가 다른 사람과 더불어
살 수 있는 능력과 자세를 갖추도록 도와주지 못하는 반면, 평화교육이
야말로 이런 능력과 자세를 함양시키는 데 필요하다는 점에서 찾는
다.(2000, 276-277) 특히 지식축적이 태도변화를 자동적으로 유도하지
못한다는 점을 예로 들면서 타자의 '다름'을 인정하고 받아들일 수 있
도록 학습자의 태도나 품성을 변화시키는 데 평화교육이 중요하다는 점
을 거론하면서 평화교육적 관점에서 통일교육에 접근할 필요성을 제기
하고 있다.

"이제 우리는 똑같은 실수를 반복해서는 안 된다. 진정 '다름'을 수용
할 수 있는 사람을 만들고자 한다면, '다름'의 양상을 분석하거나, '다름'
속에 내재한 본질적 '같음'을 강조하는 일보다는 학습자들의 태도와 품성
을 직접 건드려서 '다름'을 자연스러운 것으로 받아들일 수 있는 '그릇'
으로 만드는 일을 하는 것이 더 시급하다. 즉 '~에 관한 지식'보다는 '~
을 위한 태도와 행동의 변화'에 한층 더 집중하여야 한다. 그리고 바로 이
때문에 앞에서 평화교육적 관점에서 통일교육을 접근해야 한다는 주장이
이유 있게 되는 것이다."(1998, 64)

고병현과 정용민 모두 어떻게 하면 평화교육으로 기존의 통일교육에
있는 부족한 부분을 보완할 수 있는지를 적절하게 말하고 있으며, 이런
측면에서 통일교육의 다원화를 위한 시도들을 긍정적으로 평가할 수 있

다. 한만길도 오기성이나 고병현 그리고 정용민과 마찬가지로 한반도에 사는 사람들의 삶이 분단구조의 비평화적 상황 때문에 많은 제약을 받고 있다는 점을 언급하면서 한반도에서의 평화교육은 "분단체제를 극복할 수 있는 통일교육의 형태로 구체화되어야" 한다고 주장한다.(2000, 13) 그리고 한반도가 통일될 경우 이전보다 더욱 혼란스럽고 비평화적인 상황이 조성될 수도 있지만, 그렇다고 해서 분단상황을 변화시키지 않고 통일을 외면하는 것은 분단이 남북한 두 사회에 미친 "물리적/구조적 폭력의 심각성과 이의 파급효과를 무시하는 것"이기 때문에 결코 바람직스럽지 않다고 주장한다.(2000, 14) 통일 후의 비평화적 상황은 결국 평화적 상황을 조성하기 위한 하나의 과도기적 현상이기 때문이라는 것이다.

　그러나 '(사)평화를 만드는 여성회'(이하 평여회)가 『국내외 평화교육 사례의 통일교육에의 적용방안 연구』(2001)에서 시도하듯 평화교육의 필요성을 부각시키기 위해서 정부의 통일교육을 왜곡되게 폄하하며 통일교육의 부족한 부분을 평화교육으로 보충하기보다는 아예 평화교육으로 통일교육을 대체해야 한다는 식으로까지 주장하는 것은 부정적인 현상으로서 비판되어야 할 부분이다. 평화교육이라는 이름으로 통일교육의 근본을 흔들면서 본말전도의 현상을 초래하는 것은 시정되어야 한다는 것이다. 왜냐하면 분단구조 속의 한반도에서는 통일이야말로 평화보장의 출발점이며 근본적인 문제해결책인데 이런 점이 평여회의 교재에서는 거의 사상된 채, 통일교육에 대한 평화교육의 우월성만을 도처에서 강조하기 때문이다. 그래서 평화교육이 이데올로기 문제를 극복하는데 도움이 되지 못하고, 오히려 평화교육 그 자체가 또 하나의 이데올로기로 만들어지고 있는 듯한 생각을 갖도록 한다. 다음의 글은 평여회가 통일교육에 대하여 근본적으로 잘못된 평가를 내리고 있는 것을 보여주고 있다.

　　"(…) 그간의 통일교육이 남북간의 관계를 어떻게 풀어갈 것인가에 골

몰하였다면, 이제 평화교육이 통일교육에 도입될 경우, 남북 관계 개선을 어렵게 만드는 남한 사회 내부에 의견분열과 불화를 좁히거나 우리 일상 생활에 만연한 비평화를 지적할 수 있을 것이고, 이는 통일에 있어서 접근 방식을 달리하는 것이다. 동시에 이런 접근방식을 고려할 경우, 우리는 통일을 더 이상 '통일방안 중심의 통일논의' 나 '남북 정치권력의 형식적 · 기계적 결합' 의 달성을 목표로 하기보다는 남한사회 내에서 혹은 남과 북 사이에 진정한 사회 문화적 통합을 지향하게 될 것이다." (2001, 175-176)

민주주의 사회에서 갈등은 어떤 형태로든 항상 존재한다. 아니 갈등이 존재하지 않는 민주주의 사회를 상정하는 것 자체가 잘못된 것이라고 할 수 있다. 김대중 정부의 대북화해 · 협력정책을 둘러싸고 그동안 남남갈등이 있어 온 것도 민주주의 사회에서는 당연히 있을 수 있는 일이다. 그럼에도 현 정부는 이러한 갈등을 최소화시키고 국민적 지지의 기반 위에서 남북관계를 개선해 나가고자 노력하였다. 그런데 평여회는 그동안 현 정부의 통일교육이 마치 남한 사회 내부의 의견분열과 불화를 좁히려는 노력을 해 오지 않은 것처럼 암시하거나, 이런 전제를 깔고 현행 통일교육을 비판하면서 평화교육의 필요성을 정당화시키려고 한다. 지나칠 정도로 상대를 비판하면서 자기를 합리화하려는 평여회의 자세는 바람직하지 않다. 또한 평여회는 현 정부가 마치 '통일방안 중심의 통일논의' 나 '남북 정치권력의 형식적 · 기계적 결합' 의 달성을 목표로 하면서 남과 북 사이의 진정한 사회문화적 통합을 소홀히 하는 것처럼 주장하고 있다. 그러나 현 정부는 "서로 상이한 제도와 사상을 가진 채 반세기 이상 적대적 갈등을 지속해 온 남북이 단시간 내에 평화적 방법으로 제도, 사상, 영토를 통일할 수 있는 방법은 사실상 없으며, 또 있다 해도 바람직하지도 않" 다는 생각을 갖고 '사실상의 통일상태' 를 추구하고자 한다.[16](지침서, 81) 그리고 이러한 '사실상의 통일상태'

---

16) 통일부, 2001, 81.

를 이루어 가면서 남과 북의 진정한 사회문화통합을 점진적으로 달성하
려고하는 것이다. 오히려 평여회는 자기들이 추구하고자 하는 '진정한
사회문화적 통합'이 무엇인지에 대한 구체적인 설명이 없이 현 정부의
노력 중 긍정적인 부분을 조금도 인정하지 않으면서 지나치게 폄하하는
경향이 있다. 평여회의 이러한 자세야말로 남남갈등을 심화시키는 또
하나의 요인이라고 말할 수 있다. 다음의 글도 이와 같은 문제점을 잘
보여주고 있다.

> "이 점에서 평화교육은 이전의 통일교육과는 전혀 다르다. 본질적으로
> 는 현상유지를 위한 통일교육과는 달리 평화교육을 꿈꾸자면, 우리는 기
> 존의 교육학이나 교육제도가 지닌 속성을 뒤엎는 '역설의 교육'에 동의해
> 야 한다."(180)

평여회는 통일교육을 지나치게 매도하는 경향이 있는데, 통일교육이
평여회가 주장하는 것처럼 정말 "본질적으로(는) 현상유지를 위한" 교
육인가에 대하여 반문을 제기하지 않을 수 없다. 분단상황을 극복하고
자 하는 통일교육은 본질적으로 현상타파적인 속성을 갖지 않을 수 없
다. "서로 다른 역사의 길을 걷고 있는 남북한이 현재의 조건과 상황을
고려하여 다시 새로운 하나의 공동체 사회로 만들어 나가는 창조의 작
업"인(지침서, 11) 통일을 추구하는 교육, 즉 통일교육은 현상타파적이
지 않을 수 없는 것이다. 다만 과거의 반공교육이 정권이나 체제유지를
위하여 이용되었다는 점을 고찰하여 현재의 통일교육은 그런 요소들을
불식할 수 있도록 노력하고 있다. 다음의 글도 통일교육과 평화교육을
비교하면서 평화교육의 우월성을 암시하고 있는 부분이다.

> "상기한 남한 내부의 심각한 내부 균열은 과거의 통일교육 방식으로 해
> 소되는데는 한계가 있다. 가장 바람직한 방법은 평화교육을 통해서, 서로
> 의 '다름'을 인정하고, 관용하고, 더불어 살아가는 것을 배우는 것이 필요

하다. 이런 점에서 평화교육의 역할은 대단히 중요하다." (189)

평화교육을 통하여 '다름' 과 '차이' 를 존중하고 수용하여 관용과 공존을 위한 가치와 태도를 형성하려고 노력하는 것은 바람직하다. 그러나 이런 것은 통일교육을 통해서도 달성하려고 노력하는 것이다. "통일시대는 상이한 제도와 사상 속에서 긴 세월을 보내온 남과 북 두 공동체가 하나가 되어 더불어 사는 시대를 말한다. 따라서 이 시대는 '다름' 이 공존하는 시대인 것이다. 그런데 우리 사회는 그동안 '배제의 문화' 가 지배해 왔다. (…) 그러나 이제 우리는 '공존의 문화' 를 정착시키기 위해 노력해야 한다. 통일 이전의 준비단계로 서로 다른 사고와 문화를 소유한 집단 혹은 세력간에 상생의 문화, 공존의 틀을 확립해야 한다." (지침서, 112)

과거의 통일교육에 '다름' 과 '차이' 를 존중하고 수용하는 측면이 부족하였다고 하여, 현재의 통일교육까지 같은 틀 안에서 매도하는 것은 바람직하지 않다. 그리고 평화교육을 통해서 이런 시도를 한다는 점을 부각시키기 위해서, 마치 통일교육은 이런 시도를 하지 않거나 또 근본적으로 할 수 없는 한계를 지닌 것처럼 묘사하는 것은 바람직하지 않다. 남남갈등을 해소하기 위해서 평화교육의 갈등해결, 상호이해교육, 공존훈련 등의 방법론을 적극적으로 수용하는 것이 필요하다는 주장은 긍정적으로 평가할 수 있다. 그런데 문제는 이렇게 한다고 대북정책을 둘러싼 남남갈등, 예컨대 '대북 퍼주기' 에 대한 논란이 해소될 수 있느냐 하는 점이다. 또한 '다름' 을 인정하는 것이 꼭 평화교육을 통해야만 하는가의 문제에 대하여도 이의를 제기할 수 있다. 평화교육의 필요성 그 자체를 부정할 수는 없으나, 평화교육이 아니면 아무 것도 안 된다는 발상은 금물이다.

그리고 다양한 정체성, 즉 '다름' 을 인정하자는 것은 민주시민교육에서도 주장하고 있다. 즉 '다름' 을 인정하는 것이 평화교육의 전유물은 아니라는 것이다. 또한 평여회는 남남갈등을 극복해야 한다고 주장하지만, 구체적으로 어떤 내용을 통해서 남남갈등을 극복할 수 있을지에 대하여는 아무런 대안도 제시하지 못하고 있다. 성(性)과 인종문제에서 '다름'을 인정하기는 쉬우나 이데올로기 문제는 다르다. 이데올로기 문제에서 다름을 인정하는 것은 어디까지 가능하고, 또 그 한계는 어디에 있는지에 대한 보다 자세한 설명이 필요하다.

> "그간의 통일교육에 평화교육을 대입하자는 제안의 가장 큰 동기는 통일교육이 기존의 방식으로는 더 이상 효율적인 집행이 가능하지 않으리라는 우울한 예측 때문이다. (…) 물론 통일교육을 통해서도 방법론적인 다양성, 특히 시청각교육 등을 시도할 수 있지만, 이를 위해서는 오랜 시간의 소요와 다양한 시행착오를 통과할 수밖에 없다.
> 그러나 평화교육이 발전시킨 다양한 방법론을 흡수한다면, 통일교육은 훨씬 손쉽게 방법론상의 역동성을 회복할 수 있다." (184-185)

평여회는 통일교육에 평화교육을 대입해야 하는 가장 큰 이유로 기존의 통일교육 방식으로는 효과를 제대로 내기 어렵다는 점을 들고 있다. 그러나 방법론 때문에 굳이 평화교육을 대입시켜야 한다는 것은 별로 설득력이 없다. 왜냐하면 그 방법론은 평화교육의 전유물이 아니기 때문이다. 굳이 평화교육을 대입시켜야 한다면 평화교육의 본질적인 요소가 통일교육을 보충한다는 점을 보여주어야 할 것이다. 효율적인 통일교육 방법론을 다양하게 강구하면서 피교육자의 일상생활과 통일 문제가 괴리된 것으로 인식되어 왔던 것을 극복하려는 노력을 한 지 불과 몇 년이 되지 않는다는 점을 감안하여, 우선은 질적인 변화를 시도하는 현행 통일교육의 근간을 흔들기보다 그것을 살리는 방향으로 노력하는 것이 필요하다. 다음의 글도 통일교육에 대한 평화교육의 우월성을 평여회가 강조하는 부분이다.

> "따라서 분단국가에서 통일교육을 하지 않을 수는 없겠지만, 통일교육

보다는 정치교육의 형태로 전달하는 것이 더 바람직할 것 같다. 이는 통일
교육이 지니는 협의의 목적 지향성이 보다 높은 가치, 즉 민주주의나 인권
과 같은 숭고한 목표와 배치될 수도 있기 때문이다. 오히려 평화교육으로
접근하면, 이런 갈등의 소지를 약화시킬 수도 있다. 우리가 지금 과도기적
단계에 있음을 고려하자면, 통일교육과 평화교육의 결합은 불가피하다."
(183)

분단구조로부터 기인하는 폐해를 들자면 여러 가지를 꼽을 수 있으
나, 가장 대표적인 것으로 과거의 권위주의 정권이 분단 상황을 정치적
으로 이용하여 초래되었던 민주주의의 왜곡과 인권의 탄압을 지적할 수
있다. 실제로 민주보다는 안정이 더 중요하다는 논리하에 인권을 서구
선진사회처럼 보장하지 못하는 것은 분단 상황으로부터 비롯되는 바가
컸다. 그리고 이런 논리는 분단구조가 해결되지 않고, 남과 북이 체제경
쟁을 지속하는 한 계속 받아들여질 가능성이 많다. 그렇다면 통일이야
말로 여러 측면에서, 예컨대 민주주의나 인권과 관련해서도 새로운 삶
을 시작하게 해 주는 계기가 될 수 있다는 것을 생각하지 않을 수 없다.
이런 관점에서 "통일교육이 지니는 협의의 목적 지향성이 보다 높은 가
치, 즉 민주주의나 인권과 같은 숭고한 목표와 배치될 수" 있다는 평여
회의 주장은 잘못된 것이다. 평여회는 평화교육의 한계라든지, 평화교
육과 통일교육의 접합과정에서의 한계 등을 전혀 고찰하지 않고 무조건
평화교육이 만병통치약인 것처럼 설명하고 있다. 다음의 글들도 평화교
육의 필요성을 강조하기 위해서 통일교육을 상대적으로 폄하하는 내용
들로 채워져 있다.

"또한 통일의 당위성을 민족공동체의식에서 찾는 것 역시도 재고될 필
요가 있다. 혈연에 토대를 둔 민족공동체를 강조하는 것은 자칫하면 민주
주의를 약화시킬 소지가 있다. 또한 남한 사람과 북한 사람사이에는 동질
성에 못지않게 이질성도 매우 크다. 이런 이질성들을 서로 인정하고 공존

하려는 것이 아니라, 이를 민족공동체의식을 내세워 섣불리 '동질성'으로
묶어보려는 사고 역시 위험하고, 이런 현상은 도처에서 나타나고 있다."
(173)

"평화교육이 지향하는 비폭력, '다름'과 '차이'를 인정하고 이를 차별
로 전환시키지 않기 · 남녀평등 · 연대 · 공존 등의 가치지향성이 도입된다
면, 통일교육은 민족적 동질성보다는 보다 민주적인 가치 지향성과 함께
남북 간의 이질성을 이해하고 인정하는 태도를 함양할 수 있을 것이다."
(174)

"우리는 통일의 당위성을 강조하면서, 남 · 북한 동포간의 동질성을 애
써 강조하려 하나, 이렇게 강조하는 동질성이라는 것이 '부정적인 동질
성'인 경우가 적지 않다. 예를 들면 여성학자를 위시한 일부 학자들이 이
런 맥락에서 주목하는 것은 남북관계 개선이후 강화되고 있는 민족주의나
가부장제 담론이다. 남북교류의 활성화 이후 남한 사회 담론에서 만들어
지는 조신함, 전통미, 복종, 충순성으로 대변되는 북한여성에 대한 허구적
이미지나 '하나의 핏줄'임을 들어 통일의 당위성을 밀어붙이려는 논리들
이 이에 해당한다. 오히려 우리는 남과 북이 지닌 각각의 '긍정적 이질성'
을 부각시키는 것을 통해, 통일 후 달성되는 사회는 남도 북도 아닌, 제3의
대안사회이어야 함을 알리는 것이 필요하다. 자신과 다른 타인을 무리하
게 '동질성'으로 짜맞추려는 시도는 문화적 폭력이기에, 우리는 평화교육
을 통해 서로의 긍정적 이질성을 인정하고 수용하는 자세를 가져야 하며,
이런 과정을 거쳐서야 비로소 남북 간의 평화공존을 실현할 수 있을 것이
다."(177-178)

평여회는 '이질성'과 관련해서는 '긍정적인' 측면을 그렇게 강조하
면서 '동질성'과 관련하여서는 '부정적인' 측면만 강조한다. 이것은 균
형감각을 잃은 주장이다. 어떻게 보면 평여회는 동질성을 찾기 보다는

'다름'을 인정하면서 다르면 다른 대로 그냥 살자는 주장을 하는 것으로 보인다. 그러나 '같은' 점도 있고, 또 이것이 긍정적인 측면을 가지고 있을진대 굳이 외면하자는 주장은 설득력이 없다. 이미 존재하는 '같음' 혹은 동질성을 (재)발견하는 것은 "자신과 다른 타인을 무리하게 '동질성'으로 짜 맞추려는 시도", 즉 "문화적 폭력"이 아니다. 그럼에도 평여회는 이런 식으로 논리를 전개한다. 논리의 비약이 심하다. 설령 동질성 중에서 '가부장제 담론'적인 부정적인 측면이 있다고 해서, '긍정적인' 동질성을 발견하는 것까지 포기할 필요는 없다. 분단을 극복하며, 열강들이 자국의 이익을 우선시하는 냉엄한 국제사회에서 남과 북의 주민들이 단합하여 하나가 되는 것은 생존의 문제이고, 또 이렇게 하나가 되기 위해서는 '긍정적인' 동질성 찾기가 무엇보다 중요하다. 물론 남과 북 모두 공유할 수 있는 제3의 대안을 찾는 것도 바람직하다. 그러나 그렇다고 이 제3의 대안이 '긍정적' 동질성과 대립하는 것이어서는 안 될 것이다.

그리고 2002년 월드컵 기간 중 남녀노소를 떠나, 그리고 출신지역간의 차이를 떠나 온 국민이 '하나'가 되는 것을 발견했을 때의 감동적인 기쁨을 생각할 필요가 있다. 여러 가지 요인으로 분열되었던 우리가 '하나'가 되면서 우리는 갈등을 넘어 화합을 이루는 것이 얼마나 엄청난 잠재력으로 우리의 꿈을 실현시켜 줄 수 있는 것인가를 체험하였다. 그리고 바로 이런 것, '다름'과 '차이'를 넘어 '하나'가 되며 화합해 나가는 것은 민주주의를 실현시키기 위해 진정으로 필요한 것이다. 이런 관점에서 평여회가 민족동질성 추구와 민주주의 실현을 대립되는 것으로 바라보는 것은 잘못된 것이다.

평여회는 민족주의를 부정적인 것으로 표현하지만, 왜 민족주의가 부정적인 것인지에 대하여는 구체적인 설명을 하고 있지 않다. 모든 것에는 이중성이 있다. 문제는 이 이중성 중 긍정적인 측면을 살려나가는 것이다. 닫힌 민족주의가 아니라, 열린 민족주의를 추구하면 되는 것이다. 평여회가 동질성 찾기를 부정하려거든 동질성 중 부정적인 측면만을 강조하여 자기 논리를 합리화하기 보다는 아예 동질성에 긍정적인 측면이 없다는 점을 증명했어야 했을 것이다. 하지만 이것은 논리적으로 가능하지 않다. 그리고 '하나의 핏줄'이라는 점을 과소평가해야 할 이유도 전혀 없다. 이산가족 상봉 장면을 볼 때, 그들과 아무 관계가 없는 사람들도 눈시울을 붉히는 것은 우리가 남이 아니기 때문이다. 이런 측면을 냉철한 이성으로만 재단하는 것은 사물을 균형 있게 바라보는 것이 아니다.

　이상과 같이 평화교육을 통한 통일교육의 다원화가 어떤 측면에서 긍정적으로 평가될 수 있으며, 또 어떤 측면에서 부정적인 모습을 지니고 있는지를 살펴보았다. 평화교육이 남북한의 이데올로기 문제를 얼마나 극복하느냐에 대하여는 아직 유보적인 평가를 할 수밖에 없다고 판단된다. 이데올로기 측면의 '다름'에서 비롯되는 갈등관계를 대화나 합의와 같은 평화적인 방법을 통해 해결하도록 가르친다는 점에서 평화교육이 기여하는 바를 찾을 수도 있지만, 갈등관계 그 자체를 해소하는 데는 한계를 보여주기 때문이다. 한만길과 오기성이 평화교육을 통일교육에 접목시키면서 통일교육의 발전을 도모하고는 있지만, 이데올로기적 문제를 해결하는 데 있어서는 앞의 절(2절)에서 언급한 사회 · 문화적 접근방법의 중요성을 강조하는 이상으로 설득력있는 논리를 제시하지 못하고 있는 것도 평화교육에 대한 연구의 한계를 보게 하는 부분이다.

　평여회처럼 권혁범도 통일교육이라는 개념의 부적절성을 제시하며, 탈분단교육이라는 개념을 대신 사용할 것을 주장하고 있는데, 다음 절에서 이 문제를 살펴보겠다.

2) 탈분단교육? 혹은 인권교육을 통한 통일교육의 다원화

　권혁범은 통일교육이 과거에 이데올로기 교육으로 기능해 온 상황에서 굳이 통일교육을 앞으로도 해야 하느냐고 문제제기를 한다. 또한 통일은 목적이 아니라 수단에 불과함에도 통일이라는 개념 그 자체가 통일을 해야 한다는 전제를 포함하고 있기 때문에 바람직스럽지 못한 것이라고 지적한다.

　"(…) 통일교육이 종전처럼 이데올로기 교육의 연장선상에서 이루어지지 않을까 하는 걱정을 떨어내기 힘든 상황에서 통일교육을 반드시 해야할 교육으로 접근하는 것은 이미 상당한 문제를 안게 된다."(권혁범b, 1)

　"'통일교육'의 가장 큰 문제점은 이미 그 안에 통일은 반드시 해야 하며 그것이 좋은 것이라는 가치판단을 포함하고 있다는 점이다. (…) 이미 통일은 좋은 것, 반드시 이뤄야 할 목표로 전제되어 있다. 따라서 피교육자는 통일의 당위론에 대한 질문이 봉쇄당한 상태에서 국가주의적 교육을 받을 가능성이 높으며 그 결과 통일교육은 과거의 이데올로기 교육의 악습을 재현하기 쉽다. '한민족' '한핏줄'이기 때문에 통일하는 것은 너무도 당연하지 않느냐는 태도는 젊은 세대에게 별 설득력이 없다. 물론 통일교육이라는 기치를 내건 이상 결국 통일이 왜 필요한가에 대한 현실적 이론적 설명은 불가피하겠지만 그것이 특정한 이데올로기를 강요하고 사상의 자유를 침해하는 편향적 교육이 될 가능성이 높다."(권혁범b, 2)

　위의 인용문에서 권혁범은 심지어 "통일이 왜 필요한가에 대한 현실적 이론적 설명"이 "특정한 이데올로기를 강요하고 사상의 자유를 침해하는 편향적 교육이 될 가능성이 높다"고까지 말하고 있다. 그러면서 "'통일'이 오염된 개념"이라고 주장한다.

　"문제는 '통일'이라는 개념 자체가 이미 통일을 해야 한다는 전제, 말 그대로 남북이 하나가 되어야 한다는 전제를 포함하고 있기 때문에 앞서 말한 개념의 확장을 받아들이기가 쉽지 않다. '통일'은 이미 오염된 개념인 것이다. 그 단어를 꺼내는 즉시 그 동안 역사적으로 축적된 뜻이 그것을 포위하고 규정하며 그것의 당위성을 강요할 위험이 있다. 통일을 반드

시 해야 할 과업으로 전제하는 것은 이미 그것에 대한 의문을 금기시하며
토론의 공간을 없앤다."(권혁범b, 4)

그렇기 때문에 아래의 인용문에 보이는 것처럼 권혁범은 "이데올로
기적 산술적 민족주의적"으로 규정된 통일교육 대신 '탈분단교육'이라
는 개념을 사용하는 것이 필요하다고 제안한다.

> "따라서 이런 문제점을 보완하기 위해서 좁은 의미의 이데올로기적 산
> 술적 민족주의적 규정을 넘어서는 새로운 용어가 요구된다. 남북한이 한
> 단위가 되는 통합과정으로서의 통일이 사실은 분단으로 인한 여러 가지
> 구조적 문제를 극복하는 매우 총체적인 운동에 연결된다는 의미를 반영할
> 수 있는 매개가 필요한 것이다. (…) 이런 점을 고려할 때 나는 통일교육보
> 다는 '탈분단 교육'이라는 용어가 적합하다고 본다. 그것은 앞서 얘기한
> 여러 가지 지향해야 할 중요한 가치를 포함하면서도 분단으로 인한 남북
> 한의 구조적인 왜곡의 상태를 극복해야 한다는 의미를 드러내기 때문이
> 다."(권혁범b, 4)

그러나 권혁범이 주장하듯 과연 통일교육 현장에서 "피교육자는 통
일의 당위론에 대한 질문이 봉쇄당"하고 있는지, 그리고 "토론의 공간
을 없"애고 있는지에 대하여 반문을 제기하지 않을 수 없다. 왜냐하면
"통일비용도 많이 드는데, 왜 통일을 굳이 해야 하느냐?"는 질문은 통일
교육을 실시하는 현장에서 상식적인 것이 되어버린 게 어제 오늘의 일
이 아니기 때문이다. 다시 말해서 '통일'이라는 개념을 어디서 어떻게
사용하든 통일의 당위성을 거스르는 질문들은 초등학생으로부터 심지
어는 통일교육을 실시하는 교사들에 이르기까지 자연스럽게 제기되어
왔고, 이러한 논리 혹은 통일을 다양하게 해석하는 논리에 문은 이미 열
려 있기 때문이다. 한 마디로 통일교육은 '통일 문제에 대한 교육'이 되
어 버린 것이다. 이러한 변화를 외면하고 권혁범처럼 통일교육과 통일

이라는 개념을 어휘론적으로만 해석하는 것은 곤란하다.

최근에 남한의 언론들이 독일통일의 긍정적인 측면보다는 부정적인 측면, 예컨대 통일비용과 '마음의 장벽' 등의 부정적인 측면만 부각시켜 청소년을 비롯한 남한 사회의 구성원들로 하여금 통일을 부담스럽게 생각하도록 유도하거나 혹은 아예 관심을 갖지 않도록 유도해 온 측면이 있는데, 그럼에도 이러한 현상을 '언론을 통한 통일교육'이라고 부른다는 점을 생각할 필요가 있다. 즉 통일의 긍정적인 측면만 부각시키는 것이 아니라 통일을 '부정적'으로 바라보도록 영향을 미친 언론의 활동도 통일교육의 범주 안에 넣고 있다는 점을 고려할 때, '통일'과 통일교육의 개념을 어휘론적으로만 고찰하는 것에는 한계가 있다는 점을 생각해야 한다.

그리고 권혁범이 주장하는 것처럼 과연 "통일이 왜 필요한가에 대한 현실적 이론적 설명"이 특정 이데올로기를 강요하고 사상의 자유를 침해하는 것인가에 대하여도 의문을 제기하지 않을 수 없다. 통일 문제를 논할 때 "통일을 왜 해야하느냐? 여러 가지 후유증을 고려할 때 이대로 (분단상태에서) 사는 것이 더 좋지 않느냐!"고 주장하는 사람이 있는 것처럼, 통일을 반드시 해야 할 과제로 주장하는 사람 역시 있는 게 당연하기 때문이다. 오히려 이렇게 주장하는 것을 부정적인 시각으로만 보는 것 자체가 토론의 공간을 없게 만드는 것임을 알아야 한다. 실제로 통일교육 현장에서 피교육자가 통일비용 문제를 거론하면서 통일의 필요성에 이의를 제기하면 교육자가 제대로 답변하지 못하고 있는 것이 일반적인 현상이다. 즉 교육자가 '통일'이라는 개념을 사용한다고 해서 일방적으로 통일의 당위성을 강요하지 못한다는 것이다.

권혁범의 이론에 담긴 또 다른 문제점은 '통일'이라는 개념을 너무 부정적으로만 평가한다는 것이다. 그래서 '오염된 개념'이라고까지 말하고 있다. 이것은 또 하나의 역편향이다. 설령 과거의 권위주의 정권이 통일교육을 이데올로기적 통치수단으로 정권유지에 사용했더라도 과거의 눈으로만 통일교육을 바라 볼 필요는 없다. 통일교육과 통일이라는

개념의 내용을 어떻게 채우느냐에 따라 이것들이 우리에게 다르게 다가
올 수 있기 때문이다. 그런데 마치 '(사)평화를 만드는 여성회' 가 평화
교육의 중요성을 부각시키기 위해 통일교육을 부정적으로만 묘사하듯,
권혁범이 '탈분단교육' 의 유용성을 강조하기 위해 통일교육과 '통일'
이라는 개념을 부정적으로만 그리는 것은 바람직스럽지 못하다.

그렇지 않아도 '통일' 이라는 것은 독일 통일의 후유증이 알려지면서
이미 오래 전부터 우리에게 부담스러운 것이 되어버렸다. 권혁범이 주
장하듯 그렇게 '좋은 것' 으로 전제하기 어렵게 되어 버린 것이다. 그래
서 통일을 기피하려는 현상이 날이 갈수록 심화되고, 통일에 대한 무관
심이 확산되는 것이다. 때문에 '탈분단' 혹은 분단의 진정한 극복을 위
해서는 오히려 끊임없이 통일의 필요성을 강조하고 계몽해야 할 상황에
이르렀다. 통일의 '긍정적' 인 측면을 부각시켜야 할 상황에 이른 것이
다. 그렇지 않고 '통일' 이라는 개념의 사용 자체를 권혁범이 말하는 대
로 피하게 된다면, 앞으로 오래지 않아 '통일' 을 남의 일처럼 생각하게
될지도 모른다. 통일은 이미 광범위한 계층에 '나의 일' 이 아닌 것이 되
어 버렸기 때문이다. 그럼에도 권혁범은 통일이라는 개념을 부정적으로
묘사하는데, 이러한 것은 다음의 글에서도 잘 나타난다.

> "'통일' 은 말 그대로 '하나' (One Korea)가 되자는 의미를 일차적으로
> 담고 있고 그것은 한반도 안의 모든 주민들이 하나의 단위에 포괄될 것을
> 요구한다. 따라서 One Korea의 집단적 요구 하에 여러 가지 관점과 모순
> 된 문화나 관행이나 개인들의 개체적 이익이나 개성을 종속시킬 위험을
> 갖는다. (…) 통일이 거부할 수 없는 민족적 사명과 대의로 등장할 때 남북
> 한사회에서 매우 강력하게 나타나는 또 하나의 집단주의적 획일적 과정이
> 되어 개체의 행복과 창조적 자아 실현을 억압하게 될 가능성을 경계하지
> 않을 수 없다." (권혁범b, 8)

권혁범은 왜 통일과정에 발생할 수 있는 여러 가능성 중 부정적인 측

면만 언급하는가? 모든 일에 그렇듯 통일과정에서도 긍정적인 측면과 부정적인 측면은 함께 나타나게 되어 있다. 그런 상황에서 우리가 할 수 있는 것은 가능한 부정적인 측면을 최소화하고 긍정적인 측면을 최대화하는 것이다. 또한 통일과정에서 부정적인 현상이 수반되는 것은 과도기적 현상으로 볼 수도 있다. 분단의 각종 폐해를 극복하고 새로운 시작을 할 수 있는 과도기적 과정, 즉 창조적 자아실현의 기반을 마련하는 산고(産苦)의 과정으로 볼 수 있다는 것이다. 그런데 권혁범은 통일과정에 부정적인 현상이 나타날 수 있다는 점을 말하며 '통일'이라는 개념 사용이 바람직스럽지 못하다고 주장하면서도 통일하지 말자는 주장을 하지는 않는다. 권혁범 스스로도 분단의 폐해와 통일의 필요성을 너무 잘 알기 때문이다. 권혁범이 분단의 폐해 중 하나로써 지적하는 현상인 '분단규율'에 대한 설명을 살펴 보면 다음과 같다.

> "분단규율은 정치 군사 안보의 영역에만 머물지 않고 일상적 사고와 실천의 영역에 깊게 스며들어 있다. 그것은 사상적 획일성과 명확성, 군사동원주의적 심리와 조직관 및 위계질서, 배타적 감시자적 태도, 도구적 인간관, 반정치적 도덕주의 등의 정치 문화적 경향을 우리 사회의 지배적 의식체계와 정서로 만들며 안정/번영/단결에 대한 강제적 요구와 불안/분열/갈등에 대한 적대적 태도를 일반화한다. 이것을 통해서 강화되는 것은 단순히 북한에 대한 적대적 태도나 반공주의라기 보다는 한 사회를 지배하는 불평등한 권력관계의 일상적 비일상적 재생산체계이다." (권혁범b, 11-12)

권혁범이 위에서 말하듯 "개인의 행복과 창조적 자아 실현을 억압"하는 여러 가지 부정적인 그리고 비정상적인 현상들은 통일이 안 된 분단구조 속에서 기형적으로 형성된 것이다. 그렇기 때문에 통일이 필요하다는 것을 권혁범도 알고 있는 것이다. 그럼에도 권혁범은 위에서 언급한 이유 이외에도 '통일'이 "말 그대로 '하나'가 되자는 의미"를 갖고 있기 때문에 통일이라는 개념의 사용을 피하고자 한다. 즉 통일이 필요하다고는 생각하면서도 통일이라는 개념은 사용하지 않으려는 것이다. 그리고는 이 모순된 현상을 해결하는 방법으로 '탈분단' 혹은 '탈분단교육'이라는 개념을 사용한다. 그러나 권혁범의 논리 중 계속 모순으로 남는 것은 그가 '통일'이라는 개념을 더 이상 사용해서는 안 되는 것처럼 부정적으로 묘사하다가도 필요한 경우는 언제든지 '통일'이라는 개념을 사용한다는 점이다. 한 예로 권혁범은 통일이 '다원성을 확대'할 수 있음을 이야기한다.

  "따라서 탈분단교육의 사회 문화적 통합의 접근에서 기본이 되야 할 것은 인권교육이다. (…) 이런(인류의 보편적 가치체계인 인권이라는; 본고의 필자) 기준을 갖게 될 때 우리는 '가부장적 통일'이나 '우리는 하나다'라는 통일지상주의에서 벗어나 '성평등 지향적 통일'이나 '민주주의' '다원성을 확대하는 통일'의 수준으로 갈 수 있다."(권혁범b, 10)

  위의 인용문에서 권혁범은 '다원성을 확대하는 통일'에 대하여 말하고 있다. 즉 다원성과 통일을 배타적인 개념으로 사용하지 않고, 통일의 개념이 다원성을 갖는 방향으로 사용하고 있는 것이다. 통일이라는 개념을 아무리 피하려고 해도 결국 사용해야 하기에 이렇게 표현하고 있는 것으로 보인다. 일관성 없이 편의에 따라 개념을 정의하며 사용한다는 지적을 할 수 있겠다. 왜냐하면 한편으로는 "'통일'이라는 개념 자체가 이미 통일을 해야 한다는 (…) 전제를 포함하고 있기 때문에 앞서 말한 개념의 확장을 받아들이기가 쉽지 않다. (…) 단어를 꺼내는 즉시 그동안 역사적으로 축적된 뜻이 그것을 포위하고 규정"한다고(권혁범b, 4) 주장하면서도 다른 한편으로는 '다원성을 확대하는 통일'이라는 용어, 즉 과거와는 달리 새로운 내용을 갖는 확장된 개념으로서의 '통일'에 대하여 말하기 때문이다.
  물론 위의 인용문에서 권혁범은 하나의 조건, 즉 인권이라는 기준을 갖는 조건을 제시하고 이런 조건 속에서 '다원성을 확대하는 통일' 이라는 개념을 사용하기는 한다. 그러나 어차피 인권교육을 매개로 '다원성을 확대하는 통일' 이 가능하다면, 굳이 통일교육 대신 '탈분단교육' 이라는 개념을 꼭 사용해야 하는지 의문스럽다. 인권교육을 통일교육에 접목하면서 '다원성을 확대하는 통일' 을 추구할 수 있기 때문이다. 사실 권혁범이 제안하는 '탈분단교육' 의 개념과 목표 그리고 핵심 사항 등을 현행 통일교육, 특히 민간통일교육에서 소위 '신 패러다임' 이라고 추구하는 것들의 내용과 비교해 볼 때 큰 차이점을 발견하기 어렵다. 예컨대 한만길, 오기성 그리고 추병완 등의 통일교육전문가들이 주장하는 통일교육의 내용과 거의 대동소이하다. 우선 권혁범이 정의하는 '탈분단교육' 의 개념을 보면 다음과 같다.

"탈분단 교육은 남북한이 한 정치적 단위가 되지 못해서 생기는 문제 그것을 극복해서 하나의 단위가 되는 과정 그리고 단위가 된 후의 사회 문화 통합 과정을 고려한 교육이라고 볼 수 있다."(권혁범b, 4)

그리고 권혁범은 '탈분단교육' 에서 중요한 것과 강조되어야 할 것을 다음과 같이 말하고 있다.

"탈분단 교육에 있어서 가장 중요한 것은 법과 제도와 정책에 대한 것이라기 보다는 분단구조속에서 규정되고 각인된 우리 한반도주민들의 의식과 정서를 성찰적으로 바라보는 일이다. 분단이라는 제약과 강제로 인하여 우리의 정신과 마음이 얼마나 왜곡되고 병리적인 특징을 갖게 되었는지 그것이 얼마나 개인의 행복과 사회적 건강성의 실현에 장애가 되는지를 알게 되는 것은 탈분단교육의 핵심이다."(권혁범b, 11)

"(…) 탈분단 교육에서 가장 강조되어야 할 것은 북한 주민에 대한 시각의 교정이다."(권혁범b, 10)

권혁범의 탈분단교육에서 강조되고 있는 위의 내용들은 지난 몇 년 동안 민간차원에서 통일교육의 전향적인 발전을 도모하며 추구하는 이론들에서 대부분 공통적으로 발견되는 것이다. 권혁범에게 있어서 '탈분단교육'의 핵심은 분단의 폐해를 정확히 아는 것인데, 통일교육의 핵심도 분단의 폐해를 알고 극복하는 것이다. 북한에 대한 시각의 교정이 중요하다는 점과 관련해서도 마찬가지로 차이가 없다. 또한 남한 사회의 부족한 측면에 대하여 비판적 성찰을 한다는 점도 같다. 물론 정부의 통일교육과는 차이점을 발견할 수 있지만, 정부의 통일교육에 문제가 있다고 해서, 그 한계를 극복하며 전향적인 발전을 도모하는 민간차원의 통일교육까지 싸잡아서 비난하며 통일교육이라는 개념은 좋지 않고, 그렇기 때문에 '탈분단교육'만이 좋다는 식으로 말할 필요는 없을 것이다. 다만 권혁범의 '탈분단교육'과 민간부문의 통일교육 사이에서 두 가지 차이점을 발견할 수 있는데, 하나는 권혁범이 인권교육을 '탈분단교육'의 중심축으로 설정한다는 점이고 다른 하나는 '탈분단'이 반드시 하나의 Korea가 아니라, 여러 개의 Korea의 존재를 가능한 것으로 가정한다는 점이다. 우선 후자와 관련한 권혁범의 글을 살펴 보자.

> "탈분단 교육은 꼭 하나의 Korea만을 지향하는 게 아니고 여러 개의 다양한 Korea가 가능함을 적어도 이론적 지평에서 보여줄 필요가 있다." (권혁범b, 8)

그러나 과연 이렇게 가정하는 것이 현실적으로 가능한 것일까? '탈분단' 상태에서 "여러 개의 다양한 Korea"가 어떻게 가능한지에 대하여 권혁범은 더 이상 설명하지 않고 있다. 권혁범은 통일이 되지 않고서도 분단이 과연 극복될 수 있다고 생각하는 것일까? 그러나 한 가지 분명한 것은 권혁범 스스로도 "남북한의 분단으로 인한 가장 큰 문제는 군사적 긴장과 전쟁의 위협"이고, "분단의 평화적 관리가 불충분하고 불완전하다면 우리는 통일의 이유를 한반도의 평화 달성에서 찾을 수 있을 것"이라고(권혁범b, 5) 말하는 것처럼 통일은 한반도의 평화 달성을 이루기 위해 필수적으로 거쳐야 하는 과정이다. 다시 말해서 권혁범이 '탈분단' 과 관련해 어떤 논리를 전개한다 하더라도, 통일되지 않고서는 분단의 진정한 극복이 이루어지지 못한다는 것이다. 때문에 위의 인용문에 표현된 "여러 개의 다양한 Korea" 도 화려한 수사 그 이상의 것이 아니라고 밖에 말할 수 없다. 이런 점에서 권혁범의 '탈분단' 이론은 통일교육의 내용을 넘어서지 못한다. 그리고 권혁범이 '탈분단' 과 '통일' 의 관계를 설명한 다른 글을 보자.

"(…) 탈분단 교육의 목적은 통일을 향한 의지, 의식, 정서를 인위적으로 만들어내서 그것을 염원하는 국민적 집합체를 형성하는 데 있는 게 아니라 분단으로 인해 제약되고 뒤틀린 우리 사회의 다양한 모습들을 비판적으로 성찰하고 그것의 극복을 통해서 남북한의 통일 과정과 의미를 인류적 보편성의 가치체계에 연계시키고 동시에 그것을 한 단계 높이는데 있다는 큰 틀에 대한 동의를 넓혀 가는데 있다." (권혁범b, 12)

그런데 "통일을 향한 의지, 의식, 정서를 인위적으로 만들어내서 그것을 염원하는 국민적 집합체를 형성" 하지 않고 과연 "남북한의 통일 과정과 의미를 인류적 보편성의 가치체계에 연계시키고 동시에 그것을 한 단계 높이는" 것이 가능할까? 권혁범 스스로도 말하고 있듯이 "대다수 젊은이들은 전쟁의 위험을 느끼지 못하며 우리가 '평화' 로운 상태에 놓여있는 것으로 착각하고 있다. 피부로 군사적 긴장을 느끼지 못하는 청년들이 '이렇게 평화로운데 거기다 우리도 먹고 살기 바쁜데 개네 들과 뭐하러 합치느냐? 고 반문하는 것" 이다(권혁범b, 5) 그렇기 때문에 권혁범이 말하는 것처럼 "국가안보 논리로 회귀하거나 그것에 말려들지 않으면서도 한반도의 군사적 긴장과 반평화적 상태의 심각성을 인지하게 해주는 교육" (권혁범b, 5)이 필요한 것이다. 한 마디로 계몽, 즉 인위적인 노력이 필요하다는 것이다. 그리고 '통일' 이야말로 한반도의 평화

달성을 위해서 반드시 거쳐야 할 과정이라고 가르쳐야 할 것이다. '통일을 뭐하러 하느냐'고 생각하는 사람이 많을수록 통일은 결코 저절로 이루어지지 않기 때문이다. "통일을 향한 의지와 의식 그리고 정서" 등을 인위적으로라도 만들면서 준비하지 않으면 안 된다는 것이다. 이런 맥락에서도 권혁범이 통일교육의 긍정적인 측면을 천편일률적으로 매도하는 것은 바람직스럽지 못하다고 지적할 수 있다.

그러나 권혁범이 인권교육을 '탈분단교육'의 중심축으로 설명하는 다음 글은 시사하는 바가 있다.

"(…) 탈분단교육의 사회 문화적 통합의 접근에서 기본이 되어야 할 것은 인권교육이다. 인권이라는 인류의 보편적 가치체계에 대한 동의를 유발하는 교육을 통해서 피교육자는 북한의 사회문화의 특수성을 인정하고 그것을 역사적 배경 속에서 이해하는 관용의 태도를 가지면서도 그것의 부정적인 측면을 비판할 수 있는 근거를 갖게 된다. '차이'를 '차별'의 근거로 받아들이지 않으면서도 '차이 속의 공존' 혹은 '타자와의 공존'과 '차이의 극복'을 동시에 모색할 수 있는 윤리적 지침이 생긴다. 또한 그러한 보편적 잣대를 근거로 남한 사회의 인권 억압적인 차별적인 문화나 관행에 대해서도 자기 비판적인 성찰을 하게 됨에 따라 '남한 우월론'의 위험에서도 벗어나게 된다. 이런 기준을 갖게 될 때 우리는 '가부장적 통일'이나 '우리는 하나다'라는 통일지상주의에서 벗어나 '성평등 지향적 통일'이나 '민주주의' '다원성을 확대하는 통일'의 수준으로 갈 수 있다."
(권혁범b, 10)

"'차이'를 '차별'이나 '우월/열등'의 이분법으로 도치시키는 사고 체계를 극복하기 위해서는 결국 모든 인간은 평등하며 같은 권리를 갖는 존재라는 인식에서 출발하지 않을 수 없다. 인종 · 성 · 신분 · 계급/계층 · 종교 · 언어 · 신체 장애 여부 · 성적 취향 · 출신 혹은 거주 지역 등의 다름을 이유로 인간은 차별되어서는 안 된다는 기본적인 전제에 대한 동의가 내

면화된다면, 북한 주민에 대한 태도는 달라질 수밖에 없다." (권혁범a, 168)

　권혁범은 위의 글에서 과거에 오랫동안 반공교육의 형태로 실시되어 학습자의 두뇌 속에 '다름'을 '차이'로 인정하지 못하고, '차별'이나 '우월/열등'으로 인식하도록 유도해 온 통일교육의 문제점을 극복하기 위해서는 모든 인간이 평등하며 동등한 권리를 가진 존재라는 인식, 즉 인권에 기초한 인식에서 출발하는 것이 필요하다고 주장한다. 학습자로 하여금 북한을 객관적으로 인식하도록 하는 것은 북한의 실상을 좀 더 파악하는 것을 통해서 되는 것이 아니라,[17] 북한 주민을 바라보는 근본 시각을 교정하는 것을 통해서 가능하고, 그러기 위해서는 보편적 가치 인 '인권'의 틀 속에서 북한 주민과 사회를 보는 것이 바람직하기 때문 이라는 것이다.

　사실 과거에는 목표를 달성하기 위해서는 어떠한 수단도 합리화될 수 있다라는 군사문화적 경향이 많았었고, 통일 문제와 관련해서도 분단으로 인한 고통과 폐해를 극복하여 보다 인간적인 삶을 추구하자는 차원에서 보기 보다는 개인의 자유와 권리가 희생되더라도 부국강병을 실현하기 위해서 통일이 필요하다는 인식이 있어 왔는데, 이런 점을 지양하기 위해서 권혁범이 인권을 강조하고 인권문제와 통일 문제를 연계하는 것은 바람직하다고 사료된다. 그리고 북한 주민과 북한 사회뿐만 아니라 남한 주민과 남한 사회를 바라볼 때 어느 한쪽 편의 척도에 의해서 다른 것을 판단하고 평가하는 것이 아니라, 인류보편적 가치인 인권에 기초하여 양쪽 사회와 그 속에 사는 주민들의 생활방식을 평가하는 것은 그간에 만연되어 온 이데올로기적 편향성을 극복하는 데 큰 도움이 될 것이다. 다만 이제 겨우 이에 대한 연구가 시작되어 많은 연구가 축

---

　17) "(…) 북한에 대한 객관적이고 수평적인 관점은 단순히 '북한 바로 알기'나 '북한의 실상'에 대한 이해 부족에서 오지 않는다. 그것은 기본적으로 사람과 사회를 바라보는 틀의 문제이다." (권혁범a, 169)

적되지 못한 아쉬움이 있다고 하겠다. 이러한 점에서 인권교육을 통한 통일교육의 다원화는 매우 의미가 있으며, 향후 평화교육을 통한 통일교육의 다원화와 연계하며 보다 체계적으로 발전시킬 필요가 있다고 사료된다.

인권교육에 대한 연구자료는 많지는 않아도 더러 있는데, 다음의 문헌들을 참고할 필요가 있다. 유네스코의 인권교육지침서 『모든 인간은 …』(2000)과 강순원의 『평화 · 인권 · 교육』(2000), 인권운동사랑방 인권교육실의 『인권교육 길잡이』(1999), 서준식 씨의 『인권교육에 관한 견해(1)』(1998), 유네스코 한국위원회의 『인권교육 어떻게 할 것인가』(1997), 국제사면위원회의 『인권교육의 기법: 청소년을 위한 인권학습 자료집』(1996) 그리고 유엔인권센터의 『인권교육의 이론과 실제-학교에서의 실천적인 활동지침』 등이 그것이다.

4. 결 론

이데올로기 문제로 인한 남남갈등은 근본적으로 북한 문제에 대한 남한 사회 내 인식의 편차에 기인한다. 때문에 남남갈등의 해소를 도모하기 위해서는 북한 문제에 대한 인식의 간극을 좁혀 나가면서 합의점을 찾아나가지 않을 수 없다. 이렇게 하려면 남북한의 장단점을 비교함에 있어 치우치지 않고 '객관적'이며 균형 있게 통일교육을 실시하는 것이 바람직하다. 이런 필요성은 정부(통일부)도 인식하고 있다. 정부 스스로도 북한교육이 균형 있게 진행되어 오지 못하여 북한에 대한 이질감을 초래해 온 문제를 『2002 통일교육기본지침서』에서 잘 표현하고 있기 때문이다.

"통일교육의 내용이 객관적이지 못하다는 비판은 특히 '북한의 실상'에 관한 내용요소에서 많이 제기되었다. 예를 들어, 북한의 현실을 다룸에

있어서 김일성·김정일 개인 숭배와 같이 정치 체제 및 이념을 중심으로
하는 부정적인 측면만을 크게 부각시킴으로써, 학습자들이 북한사회체제
를 총체적이고 객관적으로 파악하는 데에 크게 도움을 주지 못했다. (…)
혹시라도 1인 독재 체제인 북한체제의 특성만을 오로지 부각시켜 북한 주
민 전체가 김일성·김정일의 꼭두각시에 불과하다는 식으로 진술하게 되
면, 같은 인간으로서 생생한 삶을 살고 있는 북한 주민들의 변화에 대한 욕
구를 무시하고 오히려 북한 주민에 대한 이질성만을 조장하는 역효과를
낼 수도 있다."(지침서, 117)

그러나 북한 문제란 이데올로기가 결합된 것으로서 정부 입장에서는
자칫하면 북한교육을 행함에 있어 남남갈등을 해소하는 것이 아니라,
오히려 촉발시킬 수 있기 때문에 무척 조심스럽게 북한 문제에 접근할
수밖에 없다. 즉 남남갈등을 해소하기 위해서 기존의 북한교육에 변화
를 도모하며 합의점을 찾아나가는 작업이 필요함에도, 정부입장에서는
변화를 도모한다는 것이 여간 어렵지 않은 것이다. 이런 문제를 해결하
는 가장 쉬운 방법으로 정부는 큰 틀에서 원칙을 제시하고 구체적인 내
용면에서는 민간인들이 스스로 북한교육의 변화를 도모하며 인식의 지
평을 넓혀 나가도록 지원하는 것을 생각할 수 있다.

민간차원에서는 이데올로기 문제의 해결을 위하여 기존의 북한교육
에 대한 비판과 함께 최근 많은 변화가 모색되고 있는데, 그 변화의 방
향은 크게 두 가지로 분류할 수 있다. 첫째는 기존의 북한교육이 체제·
이념적 접근방법에 치우쳤기 때문에 이제부터라도 사회·문화적 접근
방법을 통해 북한 주민들의 생활문화에 초점을 맞추어야 한다는 것이
다. 이것은 통일교육전문가로 널리 인정받고 있는 한만길이 주장해 온
것으로서 많은 사람들이 공감하고 있는 부분이다. 둘째는 평화교육이나
인권교육 등을 통해 기존의 통일교육이 초래한 이데올로기 문제를 극복
하자는 입장이다. 이 두 가지는 민간차원의 통일교육에서 동시에 추구
되는 경우가 많은데, 여기서는 문제점 설명을 위해 내용적으로 구분하

였다.

이 두 가지의 시도들은 모두 긍정적인 측면과 부정적인 측면을 지니고 있다. 위에서 언급한 '새로운' 시도 중 첫 번째 경우인 북한교육과 관련한 사회·문화적 접근방법의 장점은 남북한 주민들의 동질성을 찾는데 적지 않은 효과를 볼 수 있고, 또 북한 주민들의 삶을 생생하게 전달함으로써 피교육자에게 보다 많은 관심을 고취시킬 수 있다는 데 있다. 우리와 관련이 없는 다른 세계로 인식하기보다는 같은 문화를 갖고 같은 방식으로 생활하는 '남'이 아닌 존재로 북한 주민들을 인식하게 하는 것이다. 이런 것들은 분명 이데올로기 교육으로 기능했던 기존의 북한교육이 초래했던 문제점들을 극복하도록 하는데 어느 정도 기여할 것이다.

그러나 한만길과 그의 견해를 따르는 많은 사람들의 경우 사회·문화적 접근방법을 강조하는 나머지 체제·이념적 접근방법을 소홀히 생각하는 경향이 있다. 사실 북한의 체제와 이념을 잘 알지 못하고서는 그 속에서 사는 북한 주민들의 생활과 문화도 이해하기 어려운 법이다. 이것은 역편향이라고 할 수 있는데, 이근철·오기성은 체제·이념적 접근방법과 사회·문화적 접근방법을 병행하여 남북한의 동질성과 이질성을 객관적으로 이해하는 것이 필요하다고 주장한다. 다만 이근철·오기성의 이론은 설득력 있는 설명과 사례로 제시되지 않아 '주장' 수준에 머무르고 있다. 체제·이념적 교육과 사회·문화적 접근의 조화를 도모하지 못하고, '내용적'인 측면에서 균형 있는 북한교육이 어떤 것인지를 구체적으로 보여주지 못하는 한계를 안고 있는 것이다. 아직 본질적인 문제, 즉 이데올로기 문제를 정면으로 다루지 못하고 비켜가는 데서 볼 수 있듯이 연구수준 및 제반 여건에 부족함이 있기 때문이다. 이것은 현행 민간 통일교육에서 일반적으로 나타나는 현상이다.

위에서 언급한 '새로운' 시도들 중 두 번째의 경우로서 민간차원에서 평화교육이나 인권교육 등을 통해 기존의 북한교육이 초래한 이데올로기 문제를 극복하자는 입장과 관련해서도 긍정적인 측면과 부정적인 측면을 함께 발견할 수 있다. 기존의 통일교육은 이데올로기 교육으로 실시되며 남과 북의 '다름'을 인정하지 않고 대북적대감이나 우월의식 등을 조장하며 '차별'로 연결짓도록 유도해 온 경향이 많았다. 즉 나와 다르게 생각하는 사람이나 나와 이해관계가 다른 사람과 더불어 살 수 있는 능력과 자세를 갖추도록 도와주지 못했는데, 평화교육을 통해 이런 능력과 자세를 함양시키고자 하는 것은 매우 긍정적인 현상이다. 특히 지식축적이 태도변화를 자동적으로 유도하지 못한다는 점에 주목하면서 타자의 '다름'을 인정하고 받아들일 수 있도록 학습자의 태도와 품성을 변화시키는 것은 평화교육을 통해 통일교육을 보완할 수 있는 중요한 부분이다. 이런 점에서 평화교육을 통한 통일교육의 다원화의 의미를 찾을 수 있다.

그러나 평여회가 『국내외 평화교육 사례의 통일교육에의 적용방안 연구』에서 시도하듯 평화교육의 필요성을 부각시키기 위해서 통일교육을 왜곡되게 폄하하며 통일교육의 부족한 부분을 평화교육으로 보충하기보다는 아예 평화교육으로 통일교육을 대체해야 한다는 식으로까지 주장하는 것은 부정적인 현상으로서 비판되어야 할 부분이다. 평화교육이라는 이름으로 통일교육의 근본을 흔들면서 본말전도의 현상을 초래하기 때문이다. 한반도에서는 통일이야말로 평화를 보장할 수 있는 근본적인 해결책인데, 이런 점이 평여회의 교재에서는 거의 사상된 채 통일교육에 대한 평화교육의 우월성만을 강조하는 경향이 심하다. 때문에 이데올로기 문제를 해결하는데 도움이 되기보다는 오히려 만병통치약으로서의 평화교육이라는 또 하나의 이데올로기를 만들고 있는 것이다.

평화교육이 남북한의 이데올로기 문제를 얼마나 극복하느냐에 대하여는 아직은 유보적인 평가를 내려야 할 것 같다. 이데올로기 측면의 '다름'에서 비롯되는 갈등관계를 대화나 합의와 같은 평화적인 방법을 통해 해결하도록 가르친다는 점에서 평화교육이 기여하는 바를 찾을 수 있지만, 갈등관계 그 자체를 해소하는 데는 한계를 보여주기 때문이다. 한만길과 오기성이 평화교육을 통일교육에 접목시키면서 통일교육의 발전을 도모하고는 있지만, 이데올로기적 문제를 해결하는 데 있어서는 사회·문화적 접근방법의 중요성을 강조하는 이상으로 설득력 있는 논리를 제시하지 못하고 있는 것도 평화교육에 대한 연구의 한계를 보게 하는 부분이다.

그리고 권혁범의 경우는 통일교육이 특정 이데올로기를 강요하고 사상의 자유를 침해하는 편향적 교육이 될 가능성이 높다며 정면으로 '통일'과 통일교육이라는 개념을 부정적으로 비판한다. 그리고는 '탈분단'과 '탈분단교육'이라는 개념의 사용을 제안한다. 마치 평여회가 평화교육의 중요성을 부각시키기 위해 통일교육을 부정적으로만 묘사하듯, 권혁범이 '탈분단교육'의 유용성을 강조하기 위해 통일교육과 '통일'이라는 개념을 부정적으로만 묘사하고 있는 것이다. 때문에 통일교육을 실시하는 현장의 교사들이 몹시 혼란스러워 하는 현상이 나타나기도 하는데, 이런 것은 통일교육의 다원화를 통하여 질적 변화를 모색하는 과도기에 발생하는 현상으로서 토론의 활성화를 통하여 해소될 수 있을 것이다.

그러나 권혁범이 인권을 강조하고 인권문제와 통일 문제를 연계하는 것은 권혁범 이론의 백미라고 생각된다. 실제로 북한 주민과 북한 사회뿐만 아니라 남한 주민과 남한 사회를 바라볼 때 어느 한쪽 편의 척도에 의해서 다른 것을 판단하고 평가하는 것이 아니라, 인류보편적 가치인 인권에 기초하여 양쪽 사회와 그 속에 사는 주민들의 생활방식을 평가하는 것은 그간에 만연되어 온 이데올로기적 편향성을 극복하는 데 큰 도움이 될 것이다. 이러한 점에서 인권교육을 통한 통일교육의 다원화는 매우 의미가 있으며, 향후 평화교육을 통한 통일교육의 다원화와 연계하며 보다 체계적으로 발전시킬 필요가 있다고 사료된다.

기존의 통일교육/북한교육에 변화를 시도하는 과도기적 상황에서 긍정적인 측면과 부정적인 측면은 함께 나타날 수 있다. 중요한 것은 통일교육의 '신 패러다임'이라는 용어가 난무하는 상황에서 정부가 민간 통일교육의 긍정적인 측면은 살리고 부정적인 측면은 개선해 나가는 시도

를 함에 있어서, 조심스럽지만 전향적인 원칙과 방향을 보여주는 것이
필요하다. 우선 『2003 통일교육기본지침서』에서 북한 주민들이 어떻게
나름대로 주어진 여건 속에서 행복을 추구하며 사는지, 그리고 그것이
남한 주민들이 추구하는 행복과 어떻게 다른지를 보여주고, 또 남한이
북한을 평가하는 내용만 서술하지 말며 북한이탈주민이 남한 사회를 경
험하고 평가하는 것을 보여주는 것이 필요할 것이다.

　그리고 남한에서는 개인의 자유가 보장되지만 공동체의식이 약하다
고 할 수 있는데, 개인 없이 공동체가 존재하지 않고 또 거꾸로 공동체
없이 개인이 존재하지 않는다는 점에 주목하면서 우리가 어떻게 하면
개인의 자유와 공동체의식을 조화시키면서 남과 북의 주민들이 공유할
수 있는 새로움을 추구해 나갈 수 있을지를 고민해야 할 것이다.

제 2 장

통일 문제에 대한 무관심/기피 현상과 통일교육의 다원화

전 효 관

1. 서 론

통일교육의 다원화 필요성은 이데올로기에 구속된 통일 논의를 벗어나기 위한 측면 외에도 통일 자체에 대한 무관심과 기피 현상과 관련해서도 논의할 수 있다. 물론 여기서 다루는 논의들이 통일 논의에 대한 무관심 때문에 전환의 필요성을 설명하고 있는 것은 아니지만, 그 논의의한 측면에서 현실적 고려라는 측면이 존재하는 것은 분명한 사실이다.

통일교육에 대한 비판은 이미 적지 않게 제기된 바 있다. 하지만 통일교육이 외면되고 있는 이유와 그에 대한 대처 방안에 대한 논의는 지극히 단편적으로만 논의되었다. 현실적으로 보면 통일교육의 문제점에 대해서는 거의 모든 사람이 공유하고 있다. 이런 점에서 민간을 통일교육의 한 주체로 인정하는 정부 입법이 추진되었고, 통일교육의 중요성을 강조하면서 학교 교육에서 이를 반영하기 위한 노력도 진행되었다. 이를테면 통일교육과 관련하여 정부와 민간이 협력하는 모델이 만들어졌으며, 통일교육 시범학교도 지정되어 있다. 김대중 정부 들어 통일교육과 관련하여 이전과는 다른 식의 추진방식이 자리잡고 있기는 하다.

하지만 통일교육의 효과는 아직도 의문시되고 있다. 그것은 통일교육의 문제를 극복할 수 있는 새로운 차원의 합의가 부족하기 때문일 것이다. 아직도 통일교육의 문제는 통일 이후라는 미래에 준비한다는 의미에서 추상적으로 거론되고 있을 뿐이다. 하지만 현실적으로 남북간의 접촉이 증가하고 탈북자가 급증하고 있는 현실에서 통일교육의 문제를 미래에 대처하는 식으로 접근하고 있는 것은 여전히 통일교육의 문제가 관념적인 차원에서 접근되고 있음을 입증한다. 통일교육의 문제를 우리 주변의 일상적인 문제로 위치시키고 새로운 관점에서 제기해야 할 필요성이 증가하고 있다.

이를 위해서는 통일교육의 전제에서부터 교육의 내용과 방식에 이르는 현실을 총체적으로 들여다 볼 수 있어야 한다. 왜냐하면 통일교육과 관련된 무관심 문제는 어느 한 차원으로 환원해서 설명할 수 없기 때문이다. 그런 점에서 교육 패러다임과 교육 내용 및 방향을 재구성하려는 문제의식이 절실히 필요한 시점이다.[1] 물론 현실적 필요성에 부응하지 못하는 통일교육의 문제는 교육 그 자체의 문제로만 원인을 돌릴 수는 없지만, 통일교육을 둘러싸고 있는 이데올로기 문제가 통일교육 자체 내에 반영되어 있다는 측면에서 구체적인 수준에서 문제를 파악하는 것은 매우 중요하다.

이 글은 이러한 현실 인식 속에서 통일교육의 방향을 정립하고 그 방향을 구체화할 수 있는 패러다임과 교육 내용 및 방식을 살펴본다. 이를 위해 통일에 대한 무관심 양상을 분석하고 기존 통일교육의 문제를 세부적으로 살펴본다. 그리고 이러한 분석을 기초로 새롭게 제기되고 있

---

1) 이우영, "대학통일교육의 문제점과 개선방향", [통일관련 교양과목 개설을 위한 연구], 연세대학교 통일연구원, pp. 31-32.

는 다문화 이해교육이나 평화 교육과 같은 통일교육의 외연을 확대하는 접근들의 내용을 살펴보면서 이러한 새로운 지평의 논의가 통일교육에 어떻게 기여할 수 있는지 검토할 것이다.

2. 통일에 대한 무관심 현상

1) 무관심의 양상과 그 원인

흔히 통일 문제에 대한 무관심을 언급할 때 청소년들의 이야기가 많이 거론된다. 하지만 통일 문제를 규범적으로 받아들이고 있는 기성 세대에 있어서도 통일 자체를 회피하려고 하는 분위기에서 예외는 아니다.

"통일요? 절대로 하면 안됩니다. 저는 경상도 출신이고 제 처는 마침 전라도에서 태어났는데, 처남하고는 정치 이야기를 못합니다. 이렇게 우리끼리도 제대로 지내지 못하는데 북쪽이라는 새로운 지역이 보태지면 어찌 되겠습니까. 우리끼리 잘 지내는 연습을 좀 한 후에 통일을 하면 했지 지금 하면 절대로 안됩니다. 그리고 저만해도 지금 일 없으면 놀고 경기에 따라 돈을 버는 거의 준실업상태인데 더이상 불안해지는 것을 원치 않습니다. 요즘은 가끔 땅으로 푹 꺼져버리는 것 같은 불안감을 느낄 때가 있어요."(열심히 살아온 30대 중반의 피아노 조율사의 말)[2]

이 인용문에서 통일에 대한 기성 세대의 기피 현상이 어떤 이유에서 비롯되는지 살펴볼 수 있다. 이 언급을 통해서 보면 통일 문제에 대한 무관심은 통일교육의 문제점과 별도로 매우 현실적인 근거를 갖고 통일

---

2) 조혜정, "분단과 공존: 제 3의 공간을 열어가는 통일교육을 지향하며", [통일관련 교양과목 개설을 위한 연구], 연세대학교 통일연구원, p. 2.

문제가 회피되고 있음을 볼 수 있다. 어떤 점에서는 통일에 대한 당위론이 사람들이 체험하고 있는 현실에 의해 부인되고 있다고 말할 수 있다. 즉, 사회적 통합을 위한 준비 부족 상태, 통일 이후의 사회 변화와 관련된 개인적 딜레마들이 명증하게 드러나고 있는 것이다.

따라서 통일에 대한 무관심과 기피 현상은 남북한 사이의 관계가 현실적으로 진전되면서 나타나는 당위를 자신의 생활과 일상에 대입하면서 생기는 현상일 수도 있다. 이러한 측면을 배제하고 무관심과 기피 현상을 통일교육의 문제로 환원하는 것은 자칫 문제 인식의 틀이 '계몽'이라는 문제 축에서 전개될 소지가 있고, 이러한 문제를 대중의 상태와 사람들의 현실 인식과 교감하면서 전개하지 못하는 약점을 가질 수 있다. 특히 이러한 현실 인식이 독일 통일의 과정을 지켜보면서 얻은 사실로부터 해석된 것도 있으며, 통일 논의가 논의 차원을 떠나 현실화 가능성이 높아지면서 얻은 현실감으로부터 비롯된 것도 있다는 것은 주의를 요한다. 이 점에서 통일에 대한 무관심을 극복하기 위해서는 통일이 자신과 맺는 의미를 좀더 구체화해야 하며, 분단 상황이 갖는 문제점을 체감할 수 있는 식으로 변화될 필요성이 분명하다고 할 수 있다.

특히 젊은 세대의 경우에는 이러한 문제 이외에도 사회적 변화로 인한 청소년들의 정체성 변화 문제가 통일 문제에 있어서 중요하게 다루어질 필요가 있다. 사회적으로는 최근 남북 문제의 '쟁점화' 과정에서 청소년 교류 문제에 대한 논의들이 활발하게 진행되고 있다. 한국청소년학회 주최로 〈남북 청소년교류 활성화 방안〉이라는 심포지엄이 열린 바 있으며, 청소년개발원에서는 〈NGOs 역할 강화를 통한 남북한의 청소년 교류, 협력 증진방안 연구〉가 진행된 바 있다. 뿐만 아니라 청소년단체들에서도 청소년 교류 문제의 중요성을 인식하고 다양한 실천 방안을 모색 중이다.

하지만 이러한 노력에도 불구하고 통일 문제에 대한 무관심 현상은 점점 가속화되고 있다. 이러한 상황을 인식하기 위해서는 이러한 노력들 자체가 실제로는 청소년의 존재 조건과 그들이 파악하는 세계 인식과 동떨어진 채 진행되고 있고, 이런 노력 자체가 젊은 세대에서 공감을 일으키기가 아주 쉽지 않다는 점을 전제할 필요가 있다. 기존의 실천 자체가 청소년에 대한 이해를 변화시키지 않고 이루어지는 경우가 상당수에 이르고 기존의 패러다임이 통용되고 있지 않지만 결국은 어른의 관점에서 논의되고 제안되는 것을 벗어나지는 않는다는 점을 확인시켜 준다. 말하자면 통일 문제에 관해 청소년 자신의 주체화를 가능하게 할 패러다임 자체가 정립되고 있지 않다고 볼 수 있다.

청소년이 통일 시대의 주역이라고 이야기한다고 해서 문제가 해결될 수는 없는 것이다. 어쩌면 이러한 이야기를 외면하는 젊은 세대들이 늘고 있다는 것은 부인할 수 없는 사실인 것이다. '통일'은 민족의 숙원이고, 우리의 소원은 '통일'이라고 그토록 오랜 시간 동안 말해 왔지만, 통일 문제는 젊은 세대의 관심사가 아닌 것이다. 가끔 그들은 '통일이 되어야 하는가'라는 질문에 그렇다는 '정답'을 이야기하기도 하지만, 실제 그들과 이야기할 때 통일은 자신의 문제는 아닌 것이다.[3]

이러한 무관심 문제는 세대 문제로 환원할 수 있는 것은 아니다. 전체적으로 보아도 남북정상회담이 선거에 영향을 미치지 못했다든지, 남북 방송이 합작해서 제작한 프로그램의 시청률이 10%에도 미치지 못한다는 보고는 세대와 무관하게 통일 문제에 대한 무관심이 진행되고 있다는 사실을 보여준다.[4] 다만 '당위', '필요성' 등이 영향을 미치는 정도가 젊은 세대에게 있어서는 매우 약하고, 이런 점에서 기존의 통일교육의 문제점을 젊은 세대에서 압축적으로 볼 수 있다는 것이 맞는 분석일 것이다. 무관심하다고 해도 기성 세대는 통일에 대해 무관심하다고 말

---

3) 한 통계치를 보면 '통일은 반드시 되어야 한다'는 응답이 27.3%, '통일이 이루어지면 좋겠다'는 응답이 48.6%로 나타난다. 이는 전체의 79.7%가 긍정적으로 답변하고 있음을 보여준다(한국청소년개발원, [비정부기구를 통한 남북한 청소년교류, 협력증진방안 연구], p. 35, 미발표원고). 하지만 이 수치는 정답을 외운 결과일 수도 있다. 이와 같은 대답과 실제 관심도에 대한 차이는 상당하다.

4) 이우영, "대학사회에서의 바람직한 통일문제 접근방향: 새로운 통일담론의 필요성", 미발표원고, p. 2.

하지는 않지만, 젊은 세대는 "통일을 왜 해야 하는가"라는 의문에 부치고 있다. '당위'와 '현실' 사이의 간극에서 젊은 세대의 경우는 통일 자체에 대해 관심이 없다고 말하기 시작한 것이다. 이러한 상황은 기성 세대로 하여금 젊은 세대에게 민족사적 책무를 '계몽'하기 위한 여러 시도로 나타난다. 하지만 '젊은 세대가 통일의 주역'이라는 식의 단언, 그렇기에 청소년을 대상으로 하는 '계몽' 프로젝트의 효과는 현실적으로 크지 않을 것이다.

물론 통계치로 보면 청소년의 통일관의 변화는 별로 없다고 할 수도 있다. 왜냐면 통일의 필요성에 대해 적극적으로 인식하고 있기도 하며, 북한 청소년을 만나고 싶다, 교류하고 싶다 등의 항목에서도 상당히 높은 비율로 조사되고 있기 때문이다.[5] 하지만 이와 같은 수치가 허구적일 수 있는 이유는 같은 조사에서도 드러나고 있다. 다음은 통일 문제에 대한 실질적인 관심을 보여줄 수 있는 통계치이다.

〈표 1〉 청소년들의 통일 문제에 대한 대화 정도[6]

구분	빈도	비율
전혀 하지 않는다	107	9.8
거의 하지 않는다	453	41.3
그저 그렇다	449	40.9
자주 한다	83	7.6
매우 자주 한다	5	0.5

이 통계치는 통일관과 비교해 보면 상당히 흥미롭다. 당위로서의 통일에 대해서는 부정하지는 않지만, 실제로 통일에 대해 이야기하는 경우는 매우 드문 것이다. '매우 자주 한다'는 0.5%로 극소수에 가깝다고

5) 한국청소년개발원, 앞의 논문, p. 128.
6) 앞의 논문, p. 129.

할 수 있고, '자주 한다' 도 불과 7.6% 정도인 것이다. 이러한 결과는 통일을 해야 한다는 의견이 실제로는 정답을 외운 결과이며, 실제 생활에 통일의 문제는 거의 관심사가 아니라는 점을 보여준다.

이러한 현실은 통일교육에서 패러다임의 전환이 필요한 근거로 읽을 수 있다. 기존의 교육은 정답으로만 존재할 뿐 어떠한 실천으로도 전환되고 있지 않기 때문이다. 일상에서의 실천이 없는 통일의 당위성은 통일 문제가 자신들의 삶과 관련하여 연관성을 갖지 못하고 있다는 점을 입증한다. 이 점은 통일교육 내용과 방식의 변화뿐 아니라 통일 논의가 일상의 차원에서 어떻게 자리매김될 수 있는지에 대한 논의가 매우 중요함을 시사한다.

2) 전환을 위한 지점들

(1) 패러다임의 문제

통일 논의에서 최근의 변화는 상당하다. 특히 기존의 정치적 접근이 약화되고 사회문화적 접근이 활성화된 것은 중요한 변화라고 할 수 있다. 이러한 사회문화적 접근으로의 변화는 통일 문제를 좀더 대중적으로 인식시킬 수 있다는 점에서 관심을 모아온 것도 사실이다. 정치적 접근이 약화되고 사회문화적 접근이 활성화되고 있다는 사실이 통일 문제를 직접적인 이데올로기 차원에서 접근하는 관점보다 진일보한 것은 사실이며, 통일 문제에 대한 무관심 문제를 해결할 수 있다는 식으로 접근되어 온 것도 사실이다.

하지만 최근 논의되고 있는 사회문화적 접근의 한계도 역시 명확하다. 통일 문제에 대한 사회문화적 접근에서 사회, 문화의 의미는 제한적이다. 특히 이 관점에서 파악하는 문화는 도구적, 혹은 수단적인 의미를 갖는다.[7] 말하자면 정치적 입론을 문화적으로 푼다는 의미가 강할 뿐 통

---

7) 일례로 민족통일연구원에서 펴낸 [통일문화연구 상, 하]권은 문화적 접근의 필

일의 상이나 통일에 대한 당위론에서 자유롭지 않은 것이다. 이러한 통일 당위론이라는 전제는 "통일을 왜 해야 되는가"라는 젊은 세대의 질문에 답할 수 없다. 그렇기에 통일 당위론의 문제는 문제의 차원을 문화적인 차원으로 전환한다고 하지만 통일 문제를 다른 차원에서 다양화하려는 노력을 제한할 수밖에 없다.

사실 "통일을 왜 해야 하는가"라는 질문은 통일의 필요성을 부인하는 것이기도 하지만 통일을 통한 새로운 비전의 부재상태와 연결된 측면도 상당하다. 특히 기존 정치에 대한 환멸이라는 현실은 통일이라는 정치적 논의의 외양이 달라진다고 해서 정당성을 확대하는 것은 아니다. 말하자면 통일이라는 것이 나의 삶과 일상에 어떤 긍정적 영향을 미친다는 확신이 없이 통일의 정당성을 확보하기 쉽지 않은 상태에 처한 것이다. 단순히 문제를 문화적으로 푼다는 것에서 넘어서 통일의 의미를 일상적인 수준에서 확인할 수 있어야 하는 것이다.

이러한 문제의 해결은 통일 논의가 더불어 사는 문제라는 점을 적극적으로 인식하는 데에 있다. 하지만 통일 문제, 특히 남북의 경제적 격차를 전제하는 논의들은 남과 북의 공존 능력을 제고시키는 것이 아니라 북한과의 관계가 '손해'일 수 있다는 점을 드러낸다. 남과 북의 현실 비교가 현실적 힘으로 느껴지고 교류가 추진될수록 남한에서 승리자로서의 자기 정체성 문제가 드러난 바 있고, 일부에서 지적하고 있듯이 북

요성을 강조하고 있다. 이 연구는 통일 대비라는 차원에서, 그리고 민족공동체 형성이라는 차원에서 문화의 중요성을 강조한다. 이 책이 통일문화라는 개념을 소개하고 북한 사회와 남한 사회의 과제를 잘 요약하고 있지만 근본적으로 통일에 대한 성찰을 진행시키고 있다고 보기는 어렵다. 말하자면 누구의 입장에서 통일에 대비할 것이며 어떤 사회적 비전하에서 민족공동체를 형성할 것인지를 철저하게 질문하고 있지 않은 것이다(전효관, "남북문제에서 사회문화적 접근의 현황과 과제", [한국예술종합학교 논문집] 제3권, 한국예술종합학교, 2000, pp. 12-13). 이는 무엇보다도 관심의 초점이 남북한 문화의 이질성 극복과 민족 전통의 동질성 회복이라는 기능적, 실천적 측면에 맞추어졌기 때문이다(김학성, "분단의 문화 현실과 통일 담론의 재구성", 미발표원고).

한은 '불쌍한' 대상이 되어 도와줘야 하는 불편한 존재로 인식되기도 하며, 남북의 관계 진전에서 얻을 것은 별로 없다는 식의 단순한 실리적 계산이 사회적으로 공감을 얻는 것도 사실이다.

　현실적으로 강한 공감을 얻고 있는 시각은 다른 차원에서 통일 문제가 접근될 수 있다는 점을 배제하면서 통일 문제를 실리적 계산의 문제로 환원시키는 것이다. 통일이 나의 일상과 생활세계의 정상성을 회복할 수 있는 계기라는 점, 그리고 통일이 단순한 민족적 과제라기보다는 나를 억압하고 있는 분단 질서의 재구성 문제라는 인식에 대한 고려가 가능하지 않은 것이다. 이러한 차원에서 통일 논의의 다원화는 새로운 문제 영역의 개방과 이에 입각한 다양한 실천을 활성화하는 맥락에서 심층적으로 논의될 필요가 있다.

(2) 북한에 대한 무관심에 영향을 미치는 사회적 시선의 문제

　통일 문제를 다루는 패러다임 문제 외에도 북한 사회를 바라보는 시각의 문제는 통일 문제에 대한 왜곡된 의식 형성에 상당한 영향력을 발휘한다. 북한 사회와 북한 사람의 이미지에 영향을 미치는 다양한 매체의 존재는 남한 사회에서 북한에 대한 관심을 저하시키는 데 적지 않은 역할을 하고 있다. 북한에 대한 이미지는 이전의 반공주의에 기반하여 이념적으로 접근하는 것에 비하면 진일보했다고 평가할 수도 있지만, 여전히 상대에 대해 선입관을 강화하면서 상호 이해와 교류에 장애를 조성하는 것도 명백한 사실이라고 할 수 있다.[8]

　이러한 사회적 시선의 문제는 북한을 전혀 매력없는 대상으로 간주하게 되는 효과를 낳는다. 특히 남한 사회 내부에서 강화되고 있는 자기중심주의는 경제력의 우위라는 사실을 근거로 확산되고 있다. 어떤 점에

---

8) 특히 문화계 인사들의 북한 방문이 성사되면서 다수의 기행문이 발표되기도 하였다. 하지만 이러한 북한 기행문들은 북한을 대상화하는 시선에서 이전과는 상당히 다른 관점을 보여준다. 하지만 남과 북의 비교나 북한을 묘사하는 시선에서 남한 중심적 시각이 두드러지는 것도 부인할 수 없는 사실이다.

서 지금 문제는 북한을 알아야 한다는 의지 자체를 삭제해 버린다. 말하자면 지금 남한 사회에서 존재하는 북한은 욕구의 대상이 아닌 상태가 된 것이다. "왜 하필이면 북한?"이라는 질문 속에는 공존해야 할 타자로서 북한이 존재하고 있지 않은 현실과 상관적이다.

사실 "북한 사회나 북한 사람에 대한 관심이 존재하는가"라는 질문이 반드시 필요하다. 북한 사회는 남한의 정당성을 확보하는 차원에서만 존재하며, 그런 점에서 북한에 대한 관심은 지극히 추상적인 것이다. 실제로 남과 북 사이의 만남의 욕구는 여전히 추상적이다. 이 점은 청소년을 대상으로 한 실증적인 조사에서도 확인된다. 일례로 북한을 방문하면 가보고 싶은 곳에 대한 질문에서 '금강산(37%), 백두산(34%), 평양(11%)'이라는 조사 결과는 실제로 북한에 대한 인식이 초보적인 지리 교과 수준에서 전혀 구체화되어 있지 않음을 보여준다.[9] 예를 들어 김일성 대학교, 옥류관, 학교 등과 같은 구체적 답변이 나오지 않는 것이 바로 욕구가 구체화되어 있지 못하다는 반증이다. 이와 유사하게 북한 문화에 대한 관심 정도도 지극히 낮다. 북한 영화나 공연 등에 대한 시청이나 관람 여부를 조사한 결과에서도 '한두 번 보았다(56.3%), 보지 못했다(22.3%), 볼 필요가 없다(5.4%)'로 나타났다.[10] 말하자면 북한 문화에 대한 경험이 호기심 차원에서 한두 번 보는 것 외에 북한 사회나 문화를 다루는 매체 자체에 능동적으로 접근하는 경우가 실제로 거의 없다는 것이다.

이는 북한에 대한 정보를 여러 영역에서 재가공하여 교육하지 못하는 사실과 연관되어 있다. 북한에 대한 정보 생산 자체가 독점되어 있다. 대다수의 청소년들이 북한에 대한 정보를 얻은 창구 자체가 신문과 방송이다. 조사 결과를 보면 신문, 방송이 82.6%를 차지할 정도로 그 비중이 절대적이다. 말하자면 대다수의 사람들은 북한 사회나 문화에 대한

---

9) 권이종, "남북청소년교류를 위한 청소년 의식조사", 한국청소년학회, [남북 청소년교류 활성화 방안](2000. 9), p. 21.

10) 위의 글, p. 20.

정보 자체를 한정적인 시각에서, 수동적으로, 그리고 일방적으로 전달받고 있다는 사실이다. 북한에 대한 정보 생산의 경험도 없고, 그 과정에 능동적으로 참여한 경험도 없는 상태에서 대상에 대한 관심이 생길 수 없는 것이다.

이러한 차원에서 북한에 대한 정보 부족도 문제지만, 더 큰 문제는 정보에 접근하려는 의지 자체의 부재라고 할 수 있다. 이러한 차원에서 통일 논의에 대한 무관심을 극복하는 방향으로 다양한 층이 참여하여 다양한 방식으로 정보를 해석할 수 있는 기회를 제공해야 한다는 점은 매우 중요하다. 북한 문화에 대한 다양한 정보를 가공하는 일이라든지, 북한에 대한 시선을 재검토해 줄 소프트웨어를 생산하는 작업이라든지, 북한을 이해할 수 있는 길잡이 교사를 확보하는 일이라든지 하는 과제가 선결되어야 한다. 그렇지 않고서 남북한 교류를 통해 상황이 개선되리라고 보는 것은 근거없는 낙관에 가깝다고 할 수 있다. 상대에 대한 이해가 없는 상태에서 무리하게 추진되는 교류라는 문제설정은 내적 준비상태가 없는 것만을 입증할지도 모른다.

3. 기존 통일교육의 문제점

앞서 통일교육에서 패러다임 전환이 필요한 이유를 살펴보면서 통일이라는 말의 내포가 갖는 제한성을 확대할 필요성과 북한 사회 자체에 대한 관심이 없는 사회적 시선의 문제를 지적했다. 이러한 문제점을 기존 통일교육의 문제와 연관시켜 좀더 구체적으로 살펴볼 필요가 있다. 그 방향은 통일에 대한 다양하고 능동적인 참여를 보장할 수 있는 방향 설정일 것이다. 이러한 논의의 연장선에서 통일교육이 추진되는 방식과 그 내용과 방법을 검토하면서 논의를 구체화한다.

많은 사람들이 정부 주도, 교과서 중심의 통일교육에 대해 이미 시효가 지났다고 판단하고 있다. 즉, 지금까지의 통일교육은 문제를 파악하는 구체성이라는 측면에서 사람들의 존재조건의 변화와 부응하지 못하고 있다고 판단하고 있는 것이다. 내용적인 측면에서 국가 안보라는 측면에서 행해지는 교육 내용 이외에도 당위로서의 통일교육이 사람들의 일상과 생활에 연관되지 못함으로써 시민들의 소외를 가속화시켰고, 북한에 대한 시각을 성찰하지 못하게 하는 효과를 가져왔다.

물론 통일교육은 정부 통일정책의 변천과정에 따라 변화해 왔다. 크게 보아 통일교육은 반공교육 → 통일, 안보교육 → 통일교육의 과정을 겪어 왔으며, 지금까지 반공교육, 멸공교육, 승공교육, 국방 안보교육, 이데올로기 비판교육, 이념교육, 안보교육, 국민정신교육, 통일대비교육 등의 다양한 명칭으로 이루어졌다.[11] 이러한 과정에서 특징적인 것은 체제 우위와 반공을 주요 내용으로 하는 교육이 이루어졌으며, 그 연장선에서 정권 유지라는 목적에 일차적 의미가 있다는 비판이 이루어지기도 하였다.

물론 이러한 변화 과정은 경향적으로는 이데올로기적인 요소가 점차 줄어들기는 하지만, 그럼에도 불구하고 대체로 감상적이며, 현실적이지 못하고 경우에 따라서는 북한에 대한 불신만 심화시킨다는 점, 통일의 당위성만 강조하거나 민족 동질성 회복의 중요성을 맹목적으로 부각하면서 시대적 요구에 따라가는 임기응변의 차원을 벗어나지 못했다는 점, 미래지향적이지 못하고 정부의 홍보역할을 수행하는 것에 그쳤다는 점, 사회 전반적인 이데올로기를 통합하지 못하고 교육에 있어서도 뚜렷한 소신 없이 구태의연한 사실전달이나 개념설명 방식으로 교육하고 있다는 점 등이 문제로 지적되고 있다.[12]

이러한 문제점들은 탈냉전과 세계화 시대라는 맥락 속에서, 그리고 통일 이후의 사회 변화라는 내적 맥락 속에서 통일 문제가 자리잡지 못하고 정치적 맥락 속에 통일 논의가 포획되어 있는 상황을 드러내준다.

---

11) 이우영, "대학통일교육의 문제점과 개선방향", 앞의 자료집, p. 33.
12) 고병헌, "통일을 만드는 평화교육", 민족화해협력범국민협의회 자료, http://www.kcrc.or.kr에서 인용.

북한과 북한 사람에 대한 인식을 분단을 극복하는 차원에서 어떻게 이해할 것인지, 남한과 북한 사이의 차이를 어떤 관점에서 바라볼 것인지, 이후 예상되는 사회 변화에 대한 각 부문별 과제는 무엇인지에 대한 합의를 마련해오는 데 실패한 것이다. 좀더 근본적으로 바라보자면 올바른 관점에 선 통일교육을 위한 대안은 바로 통일교육의 전제를 바꾸는 것이라고 할 수도 있다.[13]

그렇지만 근본적인 진단과 처방은 구체적인 수준에서 확인되고 파악되면서 진행될 필요가 있을 것이다. 특히 김대중 정부 들어 이루어진 변화 방향의 긍정성과 부정성을 확인하면서 좀더 화해와 평화를 위한 방향으로 통일교육을 틀 지우기 위해서는 통일교육에 관련된 제반 지점들을 구체적으로 살펴볼 필요가 있다.

1) 통일교육의 추진체계 문제

통일교육은 안보의 문제와 연관되면서 시민들의 참여가 실제적으로 봉쇄되어 왔다. 통일에 대한 이견 자체가 국가 안보의 문제로 비화하기 일쑤였으며, 전체적인 맥락과 유리된 단어 사용 등이 치열한 정치적 쟁점이 되는 일도 비일비재했던 것이다. 최근에도 통일 문제에 대한 이견이 이데올로기 공세의 소재가 되는 일이 계속되고 있는 것이다.[14] 이러한 문제는 정치 영역에서의 문제이지만 통일교육과 관련해서도 적지 않은 영향을 미치고 있다. 통일 문제의 정치화는 통일교육의 내용뿐 아니라 추진 방식에도 영향을 미친다.

통일 문제가 정치화되는 효과 중에서 대표적인 것이 통일교육의 추진체계에서 국가 독점이 강화된다는 사실일 것이다. 국가가 통일에 관한

---

13) 위의 자료.
14) 대표적으로는 선거 시기에 불거지는 각종 이데올로기 공세와 특정 사건에 대한 정치적 해석 등이 지속되고 있다. 북한에 대한 선명한 태도를 강요하는 듯한 이데올로기 논쟁과 교류 문제 등을 정치적으로 해석하는 일이 지금도 계속되고 있다.

한 다양한 이견을 수용할 수 없는 극단적인 상태를 만들어 온 것이다. 이런 점에서 교육에 관한 실험 여지가 없음은 덧붙일 필요조차 없을 것이다. 자율성의 폭과 자유로운 실험 가능성은 사실 동전의 앞뒷면이라는 사실을 상기할 때 통일 문제의 국가 독점 상태는 통일교육에 관한 현실 인식 자체를 답보상태에 머물게 하는 원인으로 작용한다.

김대중 정부하에서 민간 통일 단체의 역할이 민족화해협력범국민협의회(민화협)라든지 통일교육협의회와 같은 단체를 통해 확장된 것은 부인할 수 없는 사실이지만, 이 자체에 대한 국민적 합의가 없는 상태에서 통일교육에 관한 새로운 접근 등이 활성화되는 것은 무리라고 할 수 있다. 통일교육에 관한 다양한 입장을 가진 단체들이 협의체를 만들어 활동하고 있는 것은 분명 과거에 비해 진일보한 측면이지만, 이 단체들조차도 이념적 논의 구도에 매여 자율적인 활동이 쉽지 않은 것이다. 각 단체가 자신의 단체의 정체성을 이념적 구도에서 정의하는 데서 자유롭지 않은 한 새로운 통일 관련 협의체가 실질적으로 역할을 하기는 쉽지 않은 것이다.

자율적인 참여 통로가 없는 추진체계는 통일 문제를 주도적으로 발의하는 주체로서 사람들을 자리매김하게 하지 못하고 교육의 대상으로 한정하여 통일 논의를 심화하는 데 한계로 작용한 것이다. 말하자면 논의의 독점이 통일교육을 다원화하고 다차원화하는 데 있어서의 자유로운 논의를 제한하였고, 이는 대다수의 시민이 통일의 문제를 자기 문제 외부에 위치짓는 현상을 가져왔다.

2) 통일교육의 주체와 대상의 문제

교육은 교육자와 피교육자 사이의 소통의 문제다. 이런 점에서 통일교육이 누구에 의해 이루어지고 어떤 대상에게 이루어지는가의 문제는 교육의 성패를 가르는 문제일 수밖에 없다. 먼저 통일교육은 정부에서 운영하는 통일교육원이든지, 아니면 시민단체에서 행해지는 교육에서

든지 전임인력이 극히 부족한 상태로 이루어지고 있다. 특히 학교 통일교육에 있어서는 문제가 좀더 심각하다고 할 수 있다. 학교 통일교육은 연수 기회라든지, 통일교육에 사용할 자료 부족 등의 문제가 해결되지 않고 있다.

통일 문제와 관련하여 대학원도 개설되어 있고 북한학과도 개설되어 있지만, 통일교육과 관련해서는 통일교육원의 교수진 이외의 전임인력을 찾아보기 힘들고, 통일교육 논의도 타학문 분야에서 간헐적으로 제기되는 수준을 넘어서지 못하고 있다. 학교 통일교육에 있어서도 윤리나 도덕 교과의 하위 수준에서 통일 문제를 다루고 있어 그 전문성과 교육 방법의 제고가 시급한 실정이다.

이 문제와 관련하여 검토해 보아야 할 지점은 기존의 교사-학생의 관계가 유의미한가일 것이다. 교육과 관련해서 중요한 것은 개인이 이 현실을 살아가고 이해하는 데 자신에게 의미있고 적합하고 타당한 것을 발견하는 과정이다.[15] 특히 통일교육과 같이 상황이 가변적이고 실제적인 문제로 존재하는 경우에 절대적인 진리를 추구하는 대신 상황을 이해하고 이에 대처할 수 있는 식으로 교육이 변화하는 것은 필수적일 수 있다. 이처럼 지식의 과제가 실제적이고 상황적이라고 할 때 교사와 학습자의 관계 역시도 조언자와 주체의 관계로 변화하는 것이 바람직한 것이다.[16]

말하자면 통일교육의 주체와 대상을 고정적으로 놓고 접근할 때 변화의 방향은 제한적일 수밖에 없다. 교육에 대한 상을 전환함으로써 새로운 주체와 대상의 관계를 정립할 수 있을 뿐 아니라 교육이 이루어지는 방식의 전환이 가능한 것이다. 통일교육에 있어 교육의 일방성은 통일 문제에 있어 참여를 실질적으로 허용하지 않는 문제점을 낳는다. 특히 통일교육이 지식 중심의 교육이라기보다는 실천적인 문제를 바라보고

---

15) 우창구, "구성주의 교수-학습 원리를 통한 학교 통일교육방안", [학교경영] (1998년 11월호), 한국교육생산성연구소 교육연구사, p. 103.

16) 앞의 글, p. 103.

해결해 갈 수 있는 능력을 키우는 교육이 되어야 한다는 측면에서, 교육 방식의 일방성은 통일교육이 실제적인 문제로 인식될 가능성을 제한하였다고 할 수 있다.

3) 통일교육의 내용과 방법의 문제

통일교육의 내용과 관련된 문제점은 많은 곳에서 지적된 바 있다. 통일교육의 비체계성과 비전문성의 문제는 비단 어제 오늘의 문제는 아니다. 이러한 문제점 외에도 통일교육의 내용과 관련해서 짚어져야 할 것은 통일교육이 이념, 체제, 제도 수준에서 언급되는 것이 대부분이고, 수강자의 관심 영역과 소통하고 있지 못하다는 사실이다. 북한 연구가 주체사상에 대한 연구로 대체되는 경향과 유사하게 북한, 북한 사람의 구체적 이해를 가능하게 할 통일교육 자료가 생산되지 못하고 있는 것이다.

이러한 내용 갱신의 필요성은 교육의 효과라는 측면에서 불가결한 것이다. 통일교육이 기존 교육의 공백을 메꾸는 역할을 하기 위해서는 교육 내용의 개발, 교재 및 다양한 미디어의 개발, 지속적인 모니터링 작업 등에서 창의성이 필요한 것이다.[17] 교육 내용을 구성하는 다양한 측면에서 창의적 시도가 가능해지기 위해서는 다양한 관심에 부응할 수 있는 소재의 개발과 교육 컨텐츠의 확보가 필수적이다.

이러한 사정은 교육 방법에 있어서도 마찬가지다. 기존의 통일교육의 방법은 일방적인 강의 중심, 혹은 현장 방문 등으로 특징지어진다. 이러한 일방적인 강의는 수용자의 상태를 고려하지 않는 강의를 보편화시켰다. 물론 수강자의 눈높이에 맞추는 식의 강의 수준을 고려하는 노력이 있지만, 이러한 쉽고 재밌는 강의라는 식의 컨셉으로는 제한적이다. 눈

---

17) 김근식, "참여자가 주체되는 능동적인 교육이어야 한다", [통일한국](2001년 9월호), 평화문제연구소, p. 67.

높이에 맞추는 일은 다양한 교재의 활용과 수준을 고려한 강의 등의 방법을 택하게 되는데, 실제로는 주제 자체에 대한 관심을 환기하고 동기를 유발할 고민 지점이 필요하다.

말하자면 통일교육의 내용에 있어서는 일상과 통일이 맺는 연관성을 확대하지 못하고 있다든지, 통일교육의 방법에 있어 동기화의 정도를 제고시킬 지점을 마련하지 못하는 문제를 안고 있다. 흔히 지적되는 것이지만 교육의 효과는 자신이 의지를 가지고 참여할 때 극대화된다. 그렇지만 일방적인 형태로 고민되는 교육 내용과 방식으로는 자신의 일상 속에서 교육 동기를 구체화하는 데 성공적이지 못했다.

4) 통일교육의 문제점

이상의 논의를 정리하면 통일교육에 대한 무관심을 야기하는 문제점은 크게 두 차원으로 나누어질 수 있다. 하나는 통일 그 자체의 위상에 대한 무관심을 야기하는 인식론적 패러다임의 문제와 북한이라는 대상에 대한 연관성을 구체적으로 사고하지 않는 사회적 시선의 문제이다. 다른 하나는 통일교육 자체가 행해지는 방식에서 참여를 배제하는 교육이라는 틀의 문제와 개인적 차원의 관심 영역으로 통일교육이 침투하지 못함으로써 발생하는 교육 효과의 제한이라는 문제이다.

이러한 문제점을 극복하기 위해서는 우선 통일이라는 당위성에서 벗어나 미래에 대한 비전을 공유하는 새로운 통일의 상을 구축하려는 노력과 더불어 지금 현재의 삶이 가진 파행성을 성찰적으로 인식할 수 있는 자기 모습에 대한 재인식이 필요하다. 또한 통일교육이 행해지는 방식에 있어서도 통일교육을 시행하는 주체를 다원화하고 교육의 일방성을 극복할 수 있는 실천적 대안을 마련해야 하며 교육 내용과 방식에 있어 개인적인 일상과 교류할 수 있는 문제틀로의 전환이 필요하다고 할 수 있다.

4. 새로운 시도들

이러한 문제점들에 대한 인식의 결과는 아니지만 냉전 구도가 해체되면서 통일 논의가 다원화하고 있다. 특히 새로운 인식론에 입각한 평화교육과 다문화 이해교육 등의 시도는 통일 문제를 좀더 넓은 삶의 맥락과 관련시키고 남과 북 사이의 관계를 힘의 우위의 관계라는 차원을 떠나 분단 상황의 폐혜를 극복하고 새로운 미래를 준비하는 차원에서 새로운 논의를 전개하고 있다.

이 새로운 시도들의 공과는 다양한 측면에서 평가할 수 있을 것이다.[18] 이 글에서 주목하는 다문화 이해교육이나 평화교육은 기존 통일론의 문제점을 극복하기 위해 규범에 입각한 통일, 동질화론에 입각한 통일, 절대적 의미를 갖는 통일 문제의 외연을 확대하는 인식적 기반을 보여 줄 뿐 아니라 통일교육의 구체적인 방식에 있어서도 자율적인 실험을 전개하고 있다. 그런 점에서 기존 통일교육의 문제점을 새로운 시도들이 어떻게 넘어서고 있는지는 충분히 검토할 가치가 있다.

이 글에서 소개하는 새로운 시도들은 크게 보아 '공존', '다양성', '이해', '평화' 와 같은 미래적 가치를 강조하면서 통일교육의 패러다임을 전환시키려는 흐름들이다. 이러한 새로운 시도들은 통일과 관련된 실천에 있어서도 '일상과 분단', '나와 분단', '관계맺기' 등의 새로운 영역 설정 자체를 중시하는 특징을 가지고 있다. 이러한 영역 설정은 거대담론으로 자리잡고 있는 통일 문제를 다른 차원에서 논의할 수 있는 기반을 보여준다는 점에서 다원화와 관련된 의미를 찾을 수 있다.

이와 같은 평화교육, 다문화 이해교육, 인권교육 등의 흐름은 넓은 의미에서 과거의 전통, 즉 분단 사회의 논리에 정박되어 있는 논의를 넘어서려고 한다. 이러한 특징은 새로운 논의틀이 분단 사회를 극복하는 다

---

18) 이 새로운 시도들을 어떻게 범주화하고 그 가치에 대한 판단을 할 수 있는가는 이 장의 과제를 넘어서는 측면이 있다. 평화교육이나 인권교육, 그리고 다문화 이해교육이 갖는 이데올로기 차원의 평가는 1장을 참고할 수 있을 것이다.

양한 차원들에 주목함으로써 분단과 삶의 관계를 현실적으로, 구체적으로 보여줄 수 있는 장점을 가지고 있다. 특히 이 장의 과제와 관련해서 흥미로운 것은 이러한 논의 속에서 구체적인 프로그램이 과거의 통일교육에 비해서 진일보된 형태로 시도되고 있다는 점이다.

1) 다문화 이해교육과 통일교육

다문화 이해교육을 정의하는 것은 쉽지 않다. 다문화 이해교육은 넓게 보아 자신의 문화적 틀을 상대화하면서 타문화의 다양성을 이해하기 위한 제반 교육이라고 정의할 수 있으며, 주로 문화적 상대주의에 입각하여 타자의 문화나 생활세계를 이해하기 위한 노력을 포괄한다. 이런 점에서 글로벌 시민교육이나 문화상대주의와 관련된 교육 매뉴얼 등이 이 영역에 속한다고 볼 수 있다.

이런 측면에서 다문화 이해교육은 한국 사회의 집단주의와 폐쇄성, 자문화 중심주의를 극복하는 의미를 갖는다. 즉, 다문화 이해교육은 그 범위에 있어 글로벌한 의식을 중심으로 삼을 수도 있고, 남과 북 사이의 문화 차이를 이해하는 교육을 중심으로 놓을 수도 있으며, 더욱 좁게는 남성과 여성, 계층이나 인종 등의 내적 차이에 중심을 둘 수도 있다. 다문화 이해교육이 어떤 점에 초점을 두건 이 교육의 목적은 자기 집단의 틀을 넘어 상대를 이해하는 감수성을 증진시키는 다양한 교육 활동을 포괄하게 된다.

이러한 다문화 이해교육은 통일교육과 관련하여 중요한 의미를 갖는다. 남한과 북한 사회의 문화를 이해함에 있어 어떤 관점에서 바라보고 있는가, 그리고 남한 사회에 존재하는 북한 사람들을 어떻게 이해하고 바라볼 것인가 이런 문제들에서 중요한 함의를 갖는다. 특히 통일 이후에 대비하는 차원에서도 남과 북이 서로 공존하면서 사회적 공공성을 증진시킬 수 있는 내적 준비를 해가는 의미를 갖는다.

이러한 틀에서 강조하는 것은 새로운 감수성을 증진하는 것이다. 더

불어 살 수 있는 감수성을 증진시킨다는 것은 대상에 대한 지식의 문제
라기보다는 대상과 공감할 수 있고 느낄 수 있는 능력이 더욱 중요하다.
이런 점에서 다문화 이해교육은 기존의 '북한학'이나 '북한바로알기'
등과는 전혀 다른 지점에서 통일 문제에 접근해 갈 수 있는 토대를 제공
하며, 서로 가진 차이를 동질화하거나 위계화하는 것이 아니라 서로 차
이를 존중하며 같이 살아가는 삶의 자세와 태도를 함양시키게 된다.[19]

특히 여기서 소개하는 글로벌 시민교육과 문화이해지를 통한 교육
매뉴얼 등은 내가 바라보는 일상의 시선에서 타자에 대한 재현과정을
성찰하게 하여 일상과 통일의 문제를 별개로 분리시키는 관점과 단절
한다.

(1) 글로벌 시민교육

먼저 글로벌 시민교육은 한 국가 단위를 넘어서는 행동 기준을 마련
하고 그것을 체계적으로 교육시키는 것을 의미한다. 여기서는 국가간
차이를 이해하는 노력뿐 아니라 한 사회 내의 다양한 외국인 문제 등에
주목하여 문제를 풀어가려고 한다. 그런 점에서 글로벌 시민교육의 핵
심은 글로벌한 의식(global consciousness)을 훈련시키는 것으로 평등
과 다원주의를 기반으로 한 개인의 권리와 책임감을 강조하여, 국가 단
위의 사회, 그리고 나아가 전 지구적 차원에서의 공공적 선(public
good)을 확대시키는 것을 목표로 한다고 정의된다.[20] 이러한 교육의 필
요성은 자민족 중심주의, 집단적 폐쇄주의를 극복하여 타민족이나 인종
과 다양성과 개인의 인권에 기초한 상호관계를 도모하는 것을 목적으로

---

19) 다문화 이해교육이 갖는 의미 중의 하나는 분단 사회에서 습득된 규율을 해체
하는 효과를 가질 수 있다는 점이다. 분단의 효과 중의 하나는 너와 나를 가르고, 우
리와 너희를 구분하는, 말하자면 적과 아를 구분하는 사회적 논리를 확대시켜 왔다.
이런 점에서 다문화 이해교육은 한국 사회의 형성 원리 자체를 문제삼는 효과를 가질
수 있다.

20) 또하나의 문화, [글로벌 시민교육 매뉴얼 및 자료집], 2001, p. 7.

한다.

이러한 교육에서 강조하는 점은 자신의 문화를 멀리서 바라보면서 성찰하는 동시에 다른 문화를 그 나름의 맥락에서 이해하려는 자세를 키운다는 공통점을 갖는다. 바로 이 점에서 자신이 가지고 있는 선입견이나 고정관념을 객관화하면서 이질적인 타자에 대해 열려 있는 문화적 상대주의가 요구된다고 본다.[21] 말하자면 문화는 평가의 대상이 아니라 이해의 대상이라는 점을 강조하면서 타문화에 접근하는 태도를 함양시킨다.

구체적으로 다문화 이해교육의 프로그램으로 제시되어 있는 것 중의 대표적인 것만을 요약해 보면 다음과 같다.[22]

이미지 게임
프로그램: 연상 이미지
- 특정한 나라 또는 지역을 골라 참가자들로 하여금 거기에서 연상되는 시각적 이미지나 단어 등을 각자 적게 한다. 그리고 그것을 모두 모아서 빈도수를 뽑아 본다.
- 그 이미지들 사이에 서로 어울리지 않는 것 또는 모순된다고 여겨지는 것은 없는지, 그리고 그 문화 안에서 그러한 부조화 요소들은 서로 어떻게 관련을 맺는지 생각해 본다.
- 자신 또는 우리에게 그러한 이미지가 어떻게 만들어졌는지를 분석해 본다(직접적인 체험/매스미디어/교육 등).
- 미디어의 경우 누가 그런 식으로 정보를 선별하여 편집하는지를 따져 본다.

---

21) 위의 자료집, p. 23.
22) 이 예시들은 위의 자료집 pp. 24-32에서 인용한 것이다.

매스미디어 활용 방안

프로그램: 한국의 방송이 타문화를 드러내는 방식

- 스포츠 중계를 통해 아나운서와 해설자의 말들을 기록하게 한다.
- 이 말들 중에서 폐쇄적인 사고나 집단 감정이 드러나는 것에 대해 토론한다.
- 한국의 저널리즘에 깔려 있는 자폐적 민족의식을 통해 우리의 자화상에 대해 토론해 보고, 서로의 입장 차이를 토론해 본다.

외국인이 본 한국 사회와 한국인

프로그램: 한국 문화, 이것이 궁금하다

- 외국인이 한국에 살면서 궁금해 하는 항목을 모은다.
- 그 항목들을 가지고 토론을 한다.
  - 왜 사람들을 노려보는가
  - 왜 한국 사람들은 사적인 공간을 침범하는가
  - 한국 사람들은 결혼했는지 하지 않았는지 왜 궁금해 하는가 등등
- 이를 통해 한국 사회를 구성하는 문화적 원리가 상대방의 입장에서는 어떻게 받아들여지는지를 토론해 본다.

외국인에 대한 배타성 및 차별의식 체크하기

프로그램: 스케일을 통한 배타성 정도 알기

- 질문을 주고 그 질문에 체크를 한다.
- 질문 항목은 다음과 같은 것이 된다.
  - 외국인으로 보이는 사람이 지나가면 흘낏 쳐다보게 된다
  - 외국인이라는 말을 들으면 백인 남자가 먼저 연상된다
  - 나의 형제/자매가 외국인과 결혼하는 것은 절대 반대다
  - 한국 남자가 외국 여자와 사귀는 것은 괜찮지만 한국 여자가 외국 남자와 사귀는 것은 좋아 보이지 않는다 등등
- 질문에 답한 결과를 가지고 왜 이런 생각을 했는지 토론해 본다.

이러한 프로그램은 남과 북 사이의 관계로 전환하여 사용할 수도 있다. 이를테면 북한 사람에 대한 이미지 연상을 조사해 본다든지, 대중매체에서 북한 사람을 묘사하는 방식을 가지고 토론을 해본다든지, 북한 사람들의 행동 중에서 이해할 수 없는 것을 열거하거나 반대로 북한 사람들이 말하는 이해할 수 없는 남한 사회에 대한 것을 조사하거나, 마지막으로 북한 사람에 대해 생각하는 차별의식을 알아볼 수 있는 항목들을 구성하여 남과 북 사이의 문화 이해를 위한 프로그램으로 변형시켜 볼 수 있을 것이다.

이렇듯 글로벌 시민교육의 관점에서 시도되는 매뉴얼들이 남과 북의 관계에 적용되면 분단의 효과가 나의 일상에 내재해 있다는 것을 자연스럽게 알게 되고, 남과 북이 더불어 사는 문제가 내 시선 속에서 방해받고 있다는 점을 느끼게 해준다. 이러한 점에서 시민교육의 매뉴얼은 통일 실천 자체를 일상 속에서 바라볼 수 있게 해주며, 바로 이러한 점에서 통일 논의를 개인의 사고 차원으로 이전시킬 수 있는 교육효과를 기대할 수 있게 해준다.

(2) 문화이해지를 통해서 본 다문화 이해교육

문화이해지(culture assimilator)는 사람들이 나의 행동을 어떻게 이해할지, 그리고 나는 상대방의 행동을 어떻게 이해해야 할지를 배우기 위해 고안된 방법으로 서로간의 오해나 의사소통을 활성화하기 위한 정보를 자연스럽게 습득하게 한다. 남북한 간의 문화이해지의 경우는 문화이해지가 목표로 하는 심리적 화합의 문제를 다양한 가치체계를 가진 사람들과 공존할 줄 아는 관용의 태도와 가치와 가치 사이의 대립을 다루고 새로운 가치에 대한 개방성을 견지하는 융통성 있는 사고능력의 배양이라는 과제를 축으로 다루고 있다.[23] 즉, 문화이해지는 서로 다른

---

23) 정진경, "남북한간 문화이해지", 조한혜정/이우영 엮음, [탈분단시대를 열며: 남과 북, 문화공존을 위한 모색], 삼인, 2000, p. 367.

문화에서 살던 사람들이 만나 빚어지는 갈등 상황에서 상대방을 이해하기 위한 훈련 프로그램의 방법론으로서, 여러 상황에서 상대방의 행동의 이유를 다각도에서 생각해 보게 하고 그 행동의 이유를 문화적 배경 속에서 이해하게 함으로써 상대방에 대한 이해를 깊게 해주는 방법이다.[24]

〈사례 1〉

상황

성우는 애인인 미연과 함께 금강산으로 여행을 떠났다. 그들은 북한 땅으로의 여행이 처음이어서 설레는 마음으로 차를 몰고 길을 떠났다. 관광지로 개발이 잘 되어 많은 사람이 찾는 금강산에서 그들은 아름다운 자연을 만끽하며 신나는 구경을 다녔다. 그러던 중 차가 별로 다니지 않고 인적도 드문 산길까지 들어갔다가 그만 차가 고장나 버렸다. 할 수 없이 걸어서 가까스로 버스가 다니는 길에까지 와서 표지판 밑에서 버스를 기다리고 있는데, 도로 저쪽에서 오던 승용차가 서더니 웬 남자가 타라는 시늉을 했다.

남한에서는 버스가 다니는 길에서는 차를 태워주는 일이 좀처럼 없었기 때문에, 성우는 난처하고 겁도 나서 미연의 손을 꼭 붙잡고 버스가 오면 타고 갈테니 그냥 가라며 계속 거절을 했다. 그러자 그 북한 남자는 왜 안 타냐고 하면서 서운하고 언짢은 표정을 지었다. 그 북한 남자는 왜 괜찮다는데도 자꾸 성우와 미연을 태우려 했을까?

당신은 어떻게 생각하시나요?

(1) 경제적으로 빈곤하기 때문에 차를 태워주는 데 대해 무언가 대가를 바라고 한 행동이었을 것이다.

(2) 잘 사는 남한에서 온 관광객에게 자존심을 내세우려 한 행동이다. 남한 사람들이 흔히들 북한은 가난하다고 알고 있는 것을 고쳐주고 친절하다는 것도 알릴 겸 차를 태워주려 한 것이다.

---

24) 아래의 사례는 http://www.multicorea.org에서 인용한 것이다.

(3) 북한에서는 워낙 차에 자리가 비면 어느 도로에서건 사람을 잘
   태워 준다. 그들은 일터로 혹은 집으로 가는 길에 흔히들 합석을
   한다.
(4) 그곳은 버스노선이 폐지된 곳인지라, 이를 아는 북한 사람이 친절
   을 베푼 것이다.

〈사례 2〉
  통일 이후 교류가 가능해지자 남북의 각 대학 학생들은 서로 자매결
연을 맺고 학술, 문화 등의 교류를 활발히 진행하였다. 서울 모대학 심
리학과의 학회장인 성우는 김책공대 전자공학과 학생위원회 위원장과
만나 매년 연합모임을 갖기로 합의하고, 그 첫해에는 충북대에서 주체
가 되어 준비하기로 하였다. 충북대에선 1학년 새내기들에게 김책공대
1학년 학생들에게 보내는 초대장을 쓰게 했는데 새내기 중 하나인 지숙
은 다음과 같이 쓴 귀여운 초대장을 보냈다.

  "안녕? 난 충북대 심리학과 1학년 안지숙이야.
  오늘은 내 열아홉 번째 생일이란다. 축하해 주겠니?
  우리 서로 만나게 되어서 정말 반갑다.
  좋은 시간이 되도록 여기서는 열심히 준비하고 있어, 미니 올림픽,
  분임토의, 캠프파이어도 있고, 특히 춤 한마당은 정말 기대된다!
  다음달 10~12일 연합모임에 꼭 참석해서 우리 함께 즐거운 시간을
  보냈으면 좋겠어.
  그럼 연합모임 때 보자!
  안녕!"

  그런데 이 초대장을 받은 김책공대 전자공학과의 1학년 학생은 편지
를 읽어 보고 당황한 표정이 되었다. 왜 그럴까?

당신은 어떻게 생각하시나요?

(1) 북한의 남자들은 이성교제 경험이 별로 없고 순진해서 모르는 여
   자로부터 오는 편지를 받는 데 익숙하지 않기 때문에 당황한 것
   이다.
(2) 북한에서는 노래와 춤 등을 즐기는 것을 불온하게 보기 때문에,
   여가활동을 즐긴 경험이 별로 없어서 '춤 한마당'을 특히 기대한
   다는 말에 놀란 것이다.
(3) 영어를 우리말 속에 함부로 섞어 쓴 것을 언짢게 여긴 것이다.
(4) 초대장의 어투가 비공식적이고 예의를 갖추지 않은 반말이기 때
   문이다.

이 같은 상황 설정과 문제풀이 과정을 통해 사람들은 북한에 대해 가
지고 있는 가정들을 깨닫게 되고 북한 사회에 대한 정보를 인지하는 효
과를 거두게 된다. 문화이해지는 이러한 문제에 대한 해설을 통해 자신
의 답변이 왜 잘못되었는지를 알게 한다. 이와 같은 문화이해지를 통한
다문화 이해교육은 남과 북 사이의 다양한 차이를 자신을 기준으로 해
서 판단하지 않고 북한 사회의 맥락을 이해해가면서 해석할 수 있는 기
회를 제공하여 남과 북의 사람들 사이의 심리적 거리를 줄여주는 기능
을 할 수 있다.

남북한 간의 문화이해지는 구체적으로 남과 북을 대등하게 바라보기,
분단으로 인한 생활양식의 차이, 가치와 규범의 차이, 남과 북 사이의
고정관념을 해체하기 등의 과정을 거침으로써 남과 북의 편견과 오해를
제거하는 교육 효과를 거두었다고 보고되고 있다.[25] 학교 현장 속에서
적용된 결과는 문화이해지가 아주 자연스러운 문제풀이 과정을 통해 통
일교육이 목표하는 바를 달성하는 아주 좋은 사례를 제공해 준다.

---

25) 이장원, 앞의 글.

(3) 다문화 이해교육의 의의

다문화 이해교육의 일차적 의미는 더불어 사는 공존 연습을 통해 통일 문제에 자연스럽게 접근할 수 있게 한다는 의의를 가진다. 통일이란 하나의 가치관으로 합치는 것이 아니라 차이를 가진 사람들이 서로 공존하면서 사는 문제라는 차원을 극적으로 드러내는 것이며, 우리의 일상 속에 내재하고 있는 가치들이 얼마나 반통일적이고 사실에 근거하지 않은 것인지를 드러내는 것이다.

특히 글로벌 시민교육이나 문화이해지 매뉴얼은 통일 연습이 나의 일상 속에서 시작될 수 있음을 보여준다. 나의 가치관이나 관념을 성찰하게 함으로써 내 안에 누적된 분단으로 인한 편견을 깨닫게 하는 것이다. 특히 통일 문제에 접근할 때 남북 문제의 역사와 북한 사회 이해라는 틀에서 벗어나 통일 연습이 나의 일상에 대한 성찰에서 비롯될 수 있음을 보여주고, 통일 실천이 내 생활세계와 동떨어진 영역의 문제가 아니라 내 일상을 재구성하는 문제라는 점을 보여주는 것이다.

또한 글로벌 시민교육이나 문화이해지 작업은 일상적 소재에서 통일 문제를 접근하는 매뉴얼 작업을 구체화하고 있다. 이러한 매뉴얼은 교육 대상이 답안을 작성하는 과정 등에 참여하고 교육 주체와 대상이 서로 토론을 통해 문제의 원인에 접근하는 참여 프로그램으로서의 특징을 가지고 있다. 이 장에서 예시된 사례는 대학생과 초등학생을 대상으로 하는 프로그램으로 고안된 것이지만, 매뉴얼을 구체화하는 과정에서 다양한 집단에 맞는 프로그램으로 전환할 가능성을 가지고 있다.

2) 평화교육과 통일교육

(1) 평화교육의 정의

평화교육은 특히 개별 영역으로서의 통일교육을 넘어서 관련 주제와 영역들을 유기적으로 포함하는 통일교육의 상을 구축하면서 통일교육이 제기되는 현시대의 문제점을 넘어서려고 한다. 이를테면 당위로서의 통일의 여건을 조성한다는 직접적인 목적을 넘어 남한 사회의 일상 생활의 문제를 성찰하면서 새로운 패러다임에서 통일 문제에 접근하려고 한다. 특히 이러한 문제틀에서는 우리의 일상적 삶을 엄청난 힘으로 간섭하고 있는 여성차별과 군사문화의 문제를 함께 건드리고 있다. 평화교육의 한반도에서의 의미는 다음과 같이 설명되고 있다.

> "(…) 한반도에서의 평화교육은 필히 분단과 분단이 낳은 왜곡된 의식을 극복해야 하는데, 그것은 군사문화의 척결로부터 시작될 것이다. 군사문화는 유독 우리만의 문제는 아니며 전 세계적인 문화풍토로서, 세계가 직면하고 있는 문제들의 절대 다수가 바로 이 군사문화 속에서 길들여진 사고와 행동에서 기인한다. 모든 불의한 물리적, 제도적, 구조적 폭력들이 경쟁과 생존이라는 이름 아래 합리화되고, 국방이라는 이름 아래 대인지뢰를 포함한 온갖 인권유린이 묵인되고, 오직 '승자' 만이 존재하고, 일단 승자가 되면 그 과정에서 있었던 모든 편법과 술수, 억지와 역설이 통치철학으로 미화되어 버리는 문화, 특히 여성적인 모든 것이 유약하다 하여 버려져야 하거나 지배되어야 할 그 무엇으로 여겨지는 문화가 바로 군사문화이다. 그렇기 때문에 평화교육적 관점에서 통일교육을 접근하게 되면 포함하는 주제의 폭이 훨씬 넓어지고, 그 결과 선언적이고 명분에 치우친 것에서 탈피하여 더욱 '현실적' 인 통일교육이 가능하게 된다." [26]

이러한 평화교육은 그 지향에서 한편으로는 평화교육을 위한 패러다임을 구축하는 일과 다른 한편으로 일상 속에서 평화 만들기 등의 좀더 구체화된 평화교육 내용을 만드는 일로 나누어진다.

(2) 프로그램 예시
이 장에서는 서로 대상을 달리하고 있지만 큰 틀에서 평화교육의 목

---

26) 고병헌, 앞의 자료.

적에 가까운 프로그램 내용을 통해 평화교육이 통일교육과 접합될 수 있는 지점을 확인해 보기로 한다. 다음은 (사)평화를 만드는 여성회에서 발표된 한 가지 프로그램의 내용이다.

일상에서 평화를 위한 습관을 만들어 보기[27]
- 평화의 눈으로 세상보기
- 자신의 세계관을 확장하기
- 다양한 가치와 사람 만나기
- 차이를 인정하는 습관 기르기
- 남이 옳을 수 있고 자신이 틀릴 수 있다는 것을 인정하기
- 남의 생각을 경청하기
- 나와 다른 세상으로 여행하기—다니자 어디로든, 평화기행이면 더 좋고
- 평화롭게 살 수 있는 권리 찾기
- 명상수행으로 자기 활동 속에 평화 담기
- 평화로운 몸 가꾸기
- 평화주의자의 삶 돌아보기

앞의 틀에서 볼 수 있듯이 평화는 자기에서부터 시작하여 그 연장에서 생각할 수 있는 평화롭게 살기와 그것을 방해하는 구조에 대한 인식까지를 포괄하고 있다. 이러한 평화교육은 사실 세계에 대한 근본적인 문제제기를 통해 남북한의 분단이 형성해 온 규율을 해체하고 새로운 삶의 질서를 구현하려는 지향을 분명히 하고 있다. 하지만 (사)평화를 만드는 여성회에서 시행하고 있는 프로그램은 크게 교육 내용에서는 이전의 통일교육과 구별되지만 많은 부분에서 세계 인식의 방향성을 둘러

---

27) 김숙임, "일상에서 평화만들기: 여성이 만드는 평화와 인권", [여성평화아카데미 2001년 봄강좌 자료집].

싼 논의수준에서 벗어나고 있지는 않다. 하지만 분단과 평화의 관계가 아주 직접적일 수밖에 없는 한국의 현실에서 평화교육 매뉴얼은 내 안에 축적되어 있는 분단의 논리를 극복하고 나아가 한반도를 넘어서는 수준에서 평화의 가치를 재확인하는 의미를 가질 수 있다.

이에 비해 남북어린이어깨동무에서 실시하고 있는 평화교육 매뉴얼은 그 대상을 어린이교육에 한정하고 남북 문제를 축으로 평화 인식을 제고할 수 있는 실천적 프로그램과 이벤트에 중심을 두고 있다. 이러한 문제의식은 한편으로는 보편적 평화교육과 분단 상황 속에서의 특수적 평화교육을 결합시키려는 지향성과, 다른 한편으로는 초등학교 대상으로 순회 평화교육 등을 실시하면서 프로그램의 구체화를 위한 지향성으로 투영되고 있다. 즉, 이러한 프로그램의 목적은 주변의 평화 인식에서 시작하여 국제 사회의 다양한 문화를 이해하고, 더 나아가 인간과 환경과의 공존을 도모하는 '보편적 평화교육'과 우리사회 성찰과 분단의 이해를 도모할 수 있는 '특수적 평화교육'의 내용을 결합시키려는 지향성을 분명히 하고 있다. 남북어린이어깨동무에서 펴낸 평화교육 내용 중 개요에 해당하는 부분은 다음과 같다.

남북한 평화적 통합의 비전, 평화교육[28]
1. 자기 성찰을 위한 평화교육
(1) 잘 듣기 (2) 일상 속의 차별 (3) 장애인 차별 (4) 외국인 노동자 차별
2. 분단과 갈등구조 이해를 위한 평화교육
(1) 다시 보는 전쟁 (2) 분단의 아픔 (3) 북한을 인식하는 태도 변화
3. 남북한 상호이해를 위한 평화교육
(1) 북한의 자연환경과 행정구역 (2) 북한의 문화재
(3) 북한의 경제제도와 식량난 (4) 북한 어린이들의 생활

---

28) 남북어린이어깨동무 2001년도 어린이 평화교육 매뉴얼, http://www.okedongmu.or.kr에서 재인용.

(5) 북한 어린이들의 민속놀이 (6) 남북한 언어비교학습 I

(7) 남북한 언어비교학습 II (8) 북한 동화 읽기

4. 남북한 갈등해소를 위한 평화교육

(1) 통일을 향한 노력 (2) 통일시대에는… (3) 화해로 나아가는 길

5. 평화적 통합의 비전을 찾는 평화교육

(1) 통일 기념물 만들기 (2) 북한 어린이들과 친구되기

(3) 생활 속에 실천하기

이와 같은 남북어린이어깨동무의 프로그램은 초등학교 대상의 프로
그램으로 활발하게 적용되고 있다. 어깨동무 평화교육은 자율학습시간
활동 프로그램과 학교재량시간 활동 프로그램을 운영하고 있는데, 그
학습의 목표와 프로그램은 다음과 같이 정리된다.[29]

자율학습시간 활동 프로그램

가. 1단계: 다름을 이해하고, 그 다름과 공존할 수 있는 태도를 익히는
　　과정

나. 2단계: '다름'의 대상이 될 수 있는 북한의 사회 · 문화 · 제도적
　　특징을 살펴보고, 통일시대에 발생할 수 있는 문제를 예상, 해결
　　책을 모색해 보는 과정

학교재량시간 활동 프로그램

가. 일상의 평화: '너와나', '가족 · 학교', '이웃 · 사회 · 언론', '생명
　　존중'이라는 소주제로 일상에서 평화를 만들어 가는 태도를 익힘

나. 남북의 평화: '전쟁과 평화', '북한사회 · 문화 이해하기 1, 2',

---

29) 이장원, "한국의 통일평화교육의 현황과 실례: 학교의 통일교육", [21세기 한
반도평화 · 통일방법론과 프로그램 개발을 위한 국제심포지엄], 민족화해협력범국민
협의회, [민간통일교육발전워크샵] 자료집에서 재인용.

'해외동포이야기' 라는 소주제로 북한 사회에 대한 이해를 도움
　다. 지구촌의 평화: '지구촌은 하나', '지구촌의 언어', '지구촌의 종
　　　교', '서로 나눠요' 라는 소주제로 지구촌의 평화를 다룸
　라. 생태의 평화: '우리는 함께 살아요', '생태계 이야기', '생태계는
　　　왜 아플까요', '우리는 모두 생태 평화 지킴이' 라는 소주제로 생
　　　태계의 상호의존성, 생태계 파괴의 원인, 건강한 생태계를 유지하
　　　기 위한 방안을 모색

　이러한 남북어린이어깨동무의 프로그램은 순회교육 프로그램을 통해
아이들의 태도 변화를 적극적으로 이끌어내고 있다. 특히 평화라는 문
제를 여러 가지 교육·방법을 통해 끌어내는 방식에서 그 적극적 시도는
높이 평가될 만하다.
　이와 비슷한 지향을 공유하면서 대학생 프로그램으로 만들어진 내용
역시도 크게 보면 평화교육이라는 큰 틀을 공유한다. 다만 이 프로그램
에서 강조되고 있는 것은 냉전체계 속에서 형성된 분단 언어의 사용을
지양하고 새로운 통일 공간을 만들어가는 인식론과 언어에 상대적으로
강조점이 있다. 다음은 대학생 대상의 프로그램 개설의 한 사례를 보여
준다.[30]

1. 개관: 새로 하는 통일 이야기
질문: 왜 통일을 이야기해야 하는가
　　　- 자신이 살아갈 20년 후 사회를 상상하기
　　　- 통일 연습이 새로운 시대를 여는 계기가 되도록 바람직한 통일
　　　　과정을 상상하기
과제: 김대현의 극본 [라구요] 연극 감상 후 글쓰기

───────────────

30) 조한혜정, "강의계획서: 분단과 공존, 통일학개론", [통일관련 교양과목 개설
을 위한 연구], pp. 69-73에서 요약.

2. 통일 담론 분석 1

질문: 현재 국제적으로 일고 있는 통일 담론의 내용은 무엇이며, 누가
주도하는가
- 국제 전문가 회의 비디오 감상
- 어떤 단어를 중심으로 통일 논의가 이루어지는가, 누가 어떤 위
치에서 어떻게 참가하고 있는가

3. 통일 담론 분석 2

질문: 누가 국내 통일 담론을 주도하며 그 내용은 무엇인가, 그리고 통
일을 둘러싼 헤게모니 전의 양상은?
- 남북 의정 합의서 검토
- 통일에 관여하는 집단들(정부, 이북5도청, 군대, 기업, 교포 등
의 집단)의 논리 연구
- 식량 보내기와 관련된 관련 매체의 논조 분석

4. 분단, 분열과 공존

질문: 나는 어떤 통일을 원하고 그런 통일을 원하는 나는 누구인가
- 민족, 반공 논리, 성별 역할과 관련하여 통일 문제를 보기
- 성, 세대, 지역이라는 축에서 바라보기
- 탈북이주자들에 대한 시각 검토
과제: 북한을 대상으로 하는 코미디에서 북한은 어떻게 묘사되는가

5. 나/우리가 만들어가는 분단/통일의 시대

질문: 지금까지의 강의 이후에 계속할 수 있는 일은 무엇일까, 또는 무
슨 일을 하고 싶은가
- 내가 생각하는 통일 논의를 하기 위한 이상적 지도 그리기
- 각자가 통일 과정에서 할 수 있는 일은?
- 공동작업 발표(교내에서 통일 문제를 여론화하기 위한 기획,

북한에 대한 대중매체의 재현 양식을 바로잡기 위한 기획 등)

이러한 매뉴얼에서 드러나는 특징은 평화와 분단의 관계를 통해 개인, 사회, 지구촌의 평화를 방해하는 요소를 드러내고 이에 대한 대처방법을 기획하는 실천적 교육으로서의 상을 뚜렷하게 밝히고 있다. 평화교육의 지향성은 윤리와 감수성의 수준에서 평화의 문제를 인식시킴으로써 삶의 태도에 대한 성찰을 가능케 하는 교육으로서 통일교육에서 적극적으로 활용될 수 있을 것이다.

(3) 평화교육의 의의

평화교육의 특징은 통일 문제의 외연을 확대하고 있다는 점에서 특징적이다. 이러한 평화교육의 외연 확대는 평화를 만드는 여성회의 경우나의 평화에서 세계 평화의 문제까지를 포괄하려는 문제의식에서 잘 드러나고 있다. 또한 남북어린이어깨동무의 경우에도 장애인 문제에서부터 통일 문제를 차이와 차별의 문제들에서 동등한 문제로 인식하면서 문제에 접근하고 있으며, 대학생 대상의 통일관련 교양과목 계획에서는 통일 문제를 단일한 위상으로 보는 것이 아니라 사회적 집단에 따라 생산되는 담론으로 인식함으로써 다수의 통일론을 성찰적으로 볼 필요성을 강조하고 있다.

또한 이 매뉴얼들에서 강조되고 있는 하나의 특징은 평화교육의 실천을 대단히 강조하고 있다는 점이다. 남북어린이어깨동무의 경우는 매뉴얼 내에 통일 기념물 만들기, 북한 어린이들과 친구되기, 생활 속에 실천하기 등의 과제를 설정하여 일상에서 실천할 수 있는 기획을 강조하고 있다. 또한 대학생 대상의 매뉴얼에서도 이와 유사하게 교내에서 통일 문제를 여론화하기 위한 기획, 북한에 대한 대중매체의 재현 양식을 바로잡기 위한 기획 등의 과제를 배치하고 있다.

이러한 평화교육의 매뉴얼은 통일에 대한 당위를 지식교육의 형태로 삽입하기보다는 평화 문제가 삶의 전반에서 드러나는 지점들에 대한 토론을 통해 구체적 실천 의지에 접근해 가는 특징을 보이는 것이다. 이러한 측면에서 평화교육의 관점과 그 매뉴얼은 기존의 통일론과 통일교육의 한계를 넘어설 수 있는 자원을 가지고 있다.

3) 새로운 통일교육 매뉴얼 평가 지점들

(1) 문제의식의 측면

다문화 이해교육과 평화교육의 틀을 검토하면서 살펴본 바와 같이 이러한 문제 설정은 기존의 통일 논의와 교육의 틀과 단절적이다. 이러한 문제틀은 일반적인 수준에서 말하면 통일 문제보다는 좀더 보편적인 문제의식을 전제로 한다. 인권, 개인성, 다양성, 공존 등의 가치가 지배적인 것이다. 한 필자는 새로운 패러다임의 필요성을 다음과 같이 설명하고 있다.

"(…) 통일 연구는 이론과 실천이 괴리되지 않는 방식으로 이루어져야 하며, 그 과정에서 연구를 통해 북한만이 아니라 남한 사회까지도 새롭게 조명해낼 수 있는 새로운 학문적 패러다임을 만들어낼 수 있어야 한다. 그 것은 실질적으로 냉전체제에서 통일 작업을 추진해 온 '단일주체'를 해체하고 다양한 주체가 각기 자신들의 입장에서 활발하게 통일 과정에 참여하고 연대하게 될 때 비로소 가능해질 것이다. 다원주의적 관점과 새로운 의사소통의 코드로 새로운 공공영역으로서의 통일 공간을 열어가야 할 것인데, 이 새로운 공간은 실은 아주 새로운 무엇이 아니라 지금껏 사회과학에서 '시민사회'라 불러 온 영역일 것이다."[31]

이 문제의식은 남북한 사회의 형성 과정을 분단 체제의 효과라는 측면에서 재검토하고 남과 북이 공통적으로 보여주고 있는 소통능력의 부

---

31) 조한혜정, 앞의 글, p. 333.

재나 획일성에 대한 집착을 읽어낸다. 이러한 시각은 '민족주의', '동질성', '규범적 공동체'에 대한 집착과 거리를 둔다. 이러한 문제의식은 각자의 위치에서 사고할 수 있는 통일 논의의 활성화, 시민사회 주도의 통일 논의, 이론과 실천의 결합이라는 초점을 드러내면서 기존의 통일 연구를 해체하려고 한다.

이러한 문제의식이 이론적 수준에서 평가되는 것과 별도로 새로운 패러다임의 지향성은 기존 통일교육이 일방적인 방식으로 지식 중심으로 구성되었던 것과 다른 지향을 구체화하고 있다는 점에서 기존 통일교육이 파생시켜 온 무관심 현상을 극복할 수 있는 장점을 가지고 있다고 평가할 수 있다.

(2) 교육의 내용과 방식의 측면

사실 새로운 패러다임의 효과를 구체적인 수준에서 확인하는 것은 쉽지 않은 일이다. 왜냐하면 교육의 효과에 대한 검증 작업이 제대로 이루어진 적이 거의 없기 때문이다. 또한 이러한 다문화 이해교육과 평화교육 매뉴얼은 아주 소수를 대상으로 실험적인 수준에서 시도된 것이라는 점도 교육 내용과 방식에 대한 실질적 평가를 어렵게 하는 지점일 수 있다.

하지만 일반적인 측면에서 소재의 폭을 확대한다든지, 교육의 소재가 좀더 현실적인 측면으로 맞추어지고 있다는 점은 기존 통일교육의 추상성을 극복할 수 있는 계기라고 평가할 수는 있다. 또한 통일교육을 지식 중심에서 자기 일상의 해석 문제로 차원을 옮긴 것도 교육 과정에서의 참여의 폭을 확대할 수 있는 여지를 갖고 있는 것이며, 교육의 초점이 지식의 습득 문제에서 기획과 연습을 통한 체험이라는 측면으로 옮겨간 것도 기존 통일교육에 비해서는 진일보한 것이라고 볼 수 있다. 특히 학교 통일교육에서 시도되고 있는 멀티미디어 활용 교육[32] 등이 교육 내용

---

32) 초점은 조금 다르지만 통일교육에 접근할 때 소설 등을 통한 통일교육으로의

을 전달할 매체에 대한 관심에 경도되어 있지만, 주제 자체의 현실성이 의문에 처하고 있는 현실에서 그 효과는 미지수인 것도 사실이다. 따라서 단지 흥미를 자아낼 수 있는 교육 매체에 대한 고려와 더불어 통일교육의 외연을 확대하고 소재를 다원화하는 노력은 통일교육의 답보 상태를 극복할 시도로 주목할 수 있을 것이다.

5. 결 론

1) 다원화의 필요성

통일교육의 다원화라는 주제는 매우 민감한 문제이다. 현실적으로 통일교육을 다원화할 필요성이 강조되고 있기는 하지만, 통일교육의 다원화가 통일 논의 자체를 해체시킬 위험성에 대한 경고도 분명히 존재하고 있다. 이러한 이견에서 핵심적인 것은 인권, 평화, 다양성 등의 보편적인 가치를 강조하면서 남과 북 사이의 특수한 문제인 통일 문제를 보편적인 문제들로 해소하려 한다는 비판일 것이다. 이러한 측면에서 통일 문제가 특수적으로 존재하는 문제라는 점을 부인할 수는 없다.

현실적으로 독일 통일 이후에 분명해졌듯이 통일 그 자체가 목적일 수는 없다. 분단 이후 상당한 정도의 교류를 시행했던 동서독의 경우에서도 의식의 격차 문제는 미해결의 과제로 남아 있고, 실제로 동독과 서독인 사이의 이질감은 통일 이후 점점 확대되어 왔다고 한다.[33] 이러한

접근 가능성이라든지(박복선, "통일을 성찰하는 문학교육", 문학과교육연구회, [문학과 교육], 2000년 가을호), 멀티미디어를 활용한 교육 가능성은 많이 언급되어 왔다(조성태, "N세대 눈높이에 맞춘 사이버 통일교육", [통일한국], 2001년 11월호; 백춘현, "멀티미디어를 활용한 통일교육", 평화문제연구소, [통일문제연구], 제11권 2호, 1999).

33) 위르겐 코카, [독일의 통일과 위기], 마르케, 1999, pp. 175-177.

현상은 체제 사이의 통일 문제를 넘어서 사람 사이의 통일 문제가 매우
중요함을 시사적으로 보여준다. 이런 점에서 남과 북 사이의 만남 자체
가 쟁점이 아니라 '만남의 방법론'이 문제일 수 있다. 만남을 준비하고
그 경험을 정보화하지 않고서 통일의 과정과 그 이후를 준비하는 것은
공허할 수밖에 없다.

특히 분단 이후 남북한 사회의 발전 과정은 자신의 발전 과정에 대한
성찰 없이는 통일을 준비한다는 것을 매우 어렵게 할 수 있다. 남과 북
사이에 공통적으로 존재하는 동질적 주체 형성이 낳는 문제점은 남과
북이 각각 반공규율사회와 반제규율사회라는 틀을 통해 단일국민, 단일
주체를 구성하는 과정에서 심화되어 왔다.[34] 반공/반제 규율사회는 서
로 상이한 이념에도 불구하고 사회원리라는 측면에 있어 대단히 유사한
점을 보이고 있다. 말하자면 서로 각기 다른 식의 절대화가 진행되어 온
양 사회의 구성원이 서로 만나서 생산적 결과를 낳을 가능성은 그리 크
지 않을 수 있다는 점을 시사한다. 의사소통의 생산성을 가능케 할 사회
적 역량이 존재하는가 라는 질문을 우회할 수 없는 이유가 여기에 있다.

이와 같은 문제는 젊은 세대의 경우에서도 예외가 아닐 가능성이 높
다. 서로 관계맺는 능력의 부재는 남한의 청소년들에게 '왕따'와 같은
문화로 나타난다. 차이를 수용할 수 없는 문화가 자신의 취향과 관심에
대한 절대화로 나타나고 차이를 가진 대상에 대한 차별화로 진행되는
것이다. 특히 남한 사회 내에서 관찰되는 피해의식의 정치학과 우월감
의 정치학이 혼재되어 나타날 때 그 문제의 파장은 더욱 커질 것이다.
차이를 차이로 수용하지 못하고 위계질서 속에서 배치할 때 관계맺기는
의사소통의 논리가 아니라 힘의 논리로 변화되어 나타나기 마련이다.
우리가 상상하는 통일이 위계적으로 포섭하는 통일이 아니라면 남과 북
의 사회의 재구성을 통한 새로운 통일의 상을 구체화할 필요가 있다.

---

34) 조혜정/김수행, "반공/반제 규율사회의 문화, 권력: 한 남한 지식인의 탈북지
식인을 향한 말걸기", [탈분단시대를 열며], 삼인, 2000.

 특히 젊은 세대가 보여주는 통일에 대한 무관심은 당위로서의 통일을 의문시한다. 남한의 청소년이 보여주는 태도는 기존의 가치관과 감수성으로 이해하기 쉽지 않으며, 북한의 경우에도 혁명 세대가 퇴진하면서 일정한 자유화가 진행 중이라는 점을 염두에 둘 필요가 있다.[35] 기존 세대와는 다른 감수성이 남과 북 사이에 차이는 있지만 생겨나고 있는 것은 부정할 수 없는 사실이고, 이 감수성의 변화를 수용하면서 통일교육이 이루어질 현실적 필요성이 있는 것이다.

 이러한 측면에서 통일교육의 다원화는 이데올로기의 강고함으로 넘어설 수 있는 문제가 아닌 것이다. 세대를 넘어, 남과 북의 차이를 넘어 상호 이해에 기반한 통일을 준비하는 것이 통일교육을 다원화하는 의미일 수 있는 것이고, 통일교육을 다원화하면서 새로운 입장을 배척하는 것이 아니라 그 긍정성을 흡수할 수 있어야 할 것이다.

2) 개인과 일상의 문제

 통일교육의 무관심은 나, 그리고 나의 일상과 괴리된 교육 내용의 문제일 수 있다. 이런 측면에서 중요한 것이 민족적 과제라는 틀의 접근보다는 개인적 의미를 정리하는 일의 중요성이라고 할 수 있다. 어떤 문제에 관심을 가지려면 그 의미를 개인적으로 정리할 수 있어야 한다는 점이 중요하다. 통일이 어떻게 이해되고 있는지, 그리고 자신이 통일에 대해 무슨 이해관계를 가지고 있는지 이야기하기 시작하는 것이 중요할 수 있다. 그 시작은 북한의 누구를 만나고 싶은가, 어디에 가보고 싶은가 라는 아주 초보적인 질문에서부터 출발해야 한다. 통일에 관한 자기

---

 35) 역설적이지만 북한에서 자유주의에 대한 경계가 담론상으로 많이 등장하고 있는 것은 사회 현실의 단면을 반영한 것이라고 해독할 수도 있다. 물론 이러한 언급 자체가 특정한 문제를 만들어 권력을 통합하는 담론적 장치라고 할 수도 있지만, 사회 통합이 와해되고 있는 최근의 사정은 이러한 경계가 단순한 수사학의 차원을 넘어 있다는 추론을 가능하게 한다.

이야기를 하는 말문트기의 과정이 필요한 것이다.

또한 통일 과정이라는 측면에서 통일의 과제를 일상에 위치짓는 것이 중요하다. 지금껏 통일은 정치적 차원의 문제로 국한되어 논의되었고 국제정치적 맥락에서 언급되는 것이 보통이었다. 하지만 정치적 관점에서 통일은 민족적 과제로 위치지어지든 아니든 일상과 관련을 맺는 것이 아니었다. 통일의 문제는 나와 상관없는 큰 이야기로, 나의 일상과는 무관한 정치적 차원의 이야기로 진행되었던 것이 사실이다. 이런 차원에서 통일의 문제를 일상이라는 차원에 위치짓는 것이 매우 중요하다.

통일은 나의 일상을 회복하는 것이며 생활세계를 복원하는 일이라는 점을 인식할 필요가 있다. 즉, 통일의 과제는 일상이라는 측면에서 보면 나를 분할하고 있는 내적 분단, 혹은 마음의 분단을 치유하는 것을 의미할 수 있다. 분단 사회 속에서 '우리'와 '너희'를 나누고 '적'과 '동지'를 나누는 이분법적 논리와 배타성의 논리에 우리는 익숙해져 왔다. 생존을 위해 너와 나의 대립을 항상 설정하고 적과 동지의 이분법을 작동시켜 왔던 것이 분단 사회의 조건이었다는 점에 대한 성찰이 필요한 것이다.

이런 점에서 통일의 문제는 일상의 문제와 별개로 존재하는 것이 아니다. 통일의 문화적 측면은 바로 일상을 회복하기 위한 시민적 역량을 키우는 과정에 다름 아닌 것이다. 그것은 새로운 문화를 만드는 과정이며 서로 다른 방식으로 관계맺기 위한 연습이라는 점을 인식할 필요가 있다. 통일과 일상을 연관시킬 때 우리의 일상을 구성하고 있는 문제가 통일의 문제와 별개로 존재하는 것이 아님을 알 수 있다. 예를 들어 학교 현장에서 벌어지는 줄세우는 문화나 왕따 문화, 그리고 갈등을 해소하는 방식의 문제 등은 동질성에 대한 강박관념과 위계에 대한 집착이라는 사회 과정과 무관한 것이 아니다. 바로 이런 문제를 풀어나가는 능력은 타자를 만나고 소통하는 능력과 비례하는 것이다. 통일이라는 것이 거대한 타자를 만나는 문제라는 측면에서 보면 우리의 일상을 바꾸지 않고서 통일이라는 문제를 풀어가는 것은 실제로 불가능하다.

특히 통일의 문제에서 중요한 것은 불가피한 갈등을 회피하는 것이 아니라 갈등을 해결해 갈 수 있는 능력의 문제라고 할 수 있다. 이미 연변 동포, 외국인 노동자, 탈북자의 문제에서 드러난 바 있는 것처럼 타문화 혹은 타자와의 관계능력, 혹은 의사소통능력의 부재는 현실적인 문제로 존재한다. 문제는 한국 사회 내에 자리 잡고 있는 기준을 상대화하고 성찰하지 않고서 통일 문제를 풀어갈 수 없다는 것이다. 그런 점에서 통일 실천은 평화능력을 신장시키는 일상의 차원에서 자리매김되고 고안될 필요가 있다.[36)]

통일을 개인과 일상의 문제에 위치짓는 것은 통일교육을 다원화하는 노력에서 시작할 수밖에 없다. 통일교육의 새로운 패러다임은 논의의 초점이 일치하는 것은 아니지만 좀더 현실적인 통일 논의와 교육이 필요하다는 가정을 공유하고 있다. 이런 점에서 새로운 패러다임은 통일교육과 관련된 논의를 활성화하는 데 있어 많은 공간과 여지를 허용하고 있다. 이 공간과 여지를 어떻게 채울 것인가는 순수한 이론적 문제라기보다는 통일에 관심 있는 사람들의 몫일 수 있다.

---

36) 이러한 통일 실천을 위해서 통일 문제가 동포를 만나서 가슴뜨거워지는 사람들의 손에서 벗어날 필요가 있다. 감정은 지속되지 않는 법이고, 직면하고 있는 문제를 감정의 문제로 해소하는 한 통일능력의 신장을 기대하기는 어렵기 때문이다.

제 3 장

이데올로기 문제와
통일교육 관련 법 · 제도 개선 방안

이 장 희

1. 서 론

통일교육의 목표와 관련하여 우선 법·제도적인 과제는 통일교육을 국민들에게 실시할 때 다른 관련법과의 관계에서 대한민국 법체계상 형식 논리적인 정당성을 부여하는 일이다. 다시 말해 정부당국은 공공 교육기관이나 사회교육기관이 어떠한 근거로 고유의 교육 프로그램 속에 반드시 통일교육을 일정시간 할당해야 하는가 하는 그 법적 근거를 제시해 주어야 한다. 이러한 교육은 나아가서 임의로가 아니라 헌법정신에 맞게 법적 구속력을 갖고 지속적으로 실행되어야 한다. 왜냐하면 통일교육은 정치적으로 민감한 사항이기 때문에 법적 근거 없이는 관련기관이나 국민 그리고 야당을 설득시킬 수 없기 때문이다. 두 번째 법제도적 과제는 통일교육은 민감한 사항을 다루기 때문에 교육실시자를 이념적 족쇄로부터 자유롭게 보장해 주는 일이다.

통일교육이란 대북한에 대한 객관적 이해능력함양을 기본으로 하고, 나아가 평화교육, 인권교육, 민주시민교육까지 포괄하는 것으로서 그 외연을 확산하는 것으로 볼 수 있다. 이러한 통일교육의 다원화된 취지를 일선 교육 현장에서 지속적으로 실시하는 데 많은 장애물이 아직도 존재하고 있다. 한 예로 남북한 간에 엄연히 존재하는 이념적인 문제이다. 북한에 대한 객관적인 이해교육은 북한 사회의 실상을 선입견 없이 있는 그대로 피교육자에게 가감 없이 안심하고 알릴 수 있어야 한다. 비록 남북관계가 혁명적으로 변하긴 했지만, 우리사회와 국민들의 대북한 인식에서는 매우 경직되어 있다. 그런데 북한체제 이해교육에는 자연히 남한 사회와의 비교설명을 하지 않을 수가 없다. 객관적 북한이해교육에서 북한 사회의 단점설명은 큰 문제가 되지 않지만, 북한 사회의 장점의 설명은 자칫 북한 사회를 고무 · 찬양하는 것으로 해석될 수도 있다. 그래서 통일교육 강사는 심리적으로 항상 자기 검열을 받는다. 그것은 피교육생이 통일교육강사를 국가보안법상 고무 · 찬양죄로 고발할 수도 있기 때문이다. 더구나 현행 통일교육지원법 제11조(자유민주적 기본질서 침해시 고발조치)도 엄연히 이에 대한 이념적 장애물로서 통일교육강사에게 심리적 위협을 제공하고 있기 때문이다. 따라서 통일교육이 남북관계에 빠른 변화에 부응하여 제대로 실행되려면, 우선 통일교육에 대한 이데올로기적 족쇄로부터 자유롭게 하는 법제도의 정비가 있어야 한다. 다음으로 통일교육수강을 정부의 단순한 권고적 차원이 아닌 의무적 수강으로 발전되도록 현행 통일교육지원법을 개정해야 한다. 셋째로 통일교육의 이념적 지평을 넓히기 위해 홍익인간사상의 법제화 노력도 있어야 할 것이다.

그러면 좀더 구체적으로 현재 통일관련 법제도의 기초를 분석하고, 기존의 법제도가 통일교육의 이데올로기적 족쇄를 포함하여 어떠한 문제를 야기하고 있는지를 검토하고, 이에 대한 제도적 개선 방안을 제시해 보기로 한다.

2. 통일교육에 대한 현행 법 · 제도 실시체계 및 지침체계의 분석

현재 통일교육의 법적 정당성을 제공하는 기본체계는 법체계상으로 볼 때 헌법(평화통일) - 교육법(홍익인간) - 통일교육지원법(통일교육기본계획) - 통일교육기본지침서(통일부/통일교육심의위원회) - 사회통일교육지침(통일교육원)/학교통일교육지침(교육부) - 통일교육기본운영계획(통일교육원)으로 이어진다. 여기서 교육법이 일반법이라면 통일교육지원법은 특별법에 해당된다.[1] 다음에서 통일교육 기본체계의 법적 근거와 정당성을 구체적으로 설명해 보기로 하자.

1) 헌법: 평화통일 사명 및 평화통일정책

현행 헌법 전문은 조국의 평화통일의 사명을, 헌법 제4조는 평화통일정책을 명시하고 있다.[2]

통일교육지원법 제1조(목적)는 동법은 통일교육 촉진과 지원을 규정함에 그 목적을 둔다고 명시하고 있다. 또 동법 제2조(정의)는 "이 법에서 통일교육이라 함은 국민으로 하여금 자유민주주의에 대한 신념과 민족공동체의식 및 건전한 안보관 확립에 필요한 가치관과 태도의 함양"이라고 통일교육을 정의한다. 이처럼 통일교육지원법상 통일교육 촉진과 지원 및 자유민주주의에 대한 신념 확립에 필요한 가치관 함양 등은 헌법상 헌법 전문에서 "조국의 ... 평화적 통일의 사명", 헌법 제66조와 제69조에서 "대통령에게 조국의 평화적 통일에 노력할 의무 부여", 제4조에서 "대한민국은 통일을 지향하며, 자유민주적 기본질서에 입각한

---

1) 통일부, 통일교육의 방향과 실천과제, -중장기 통일교육의 발전계획-, 2001, pp. 22-23 참조.

2) 대한민국 헌법이 평화통일 조항을 처음 명시하기 시작한 것은 1972년 유신헌법이다. 그러나 당시 정치권은 이것을 정치적으로 악용하였다. 이것은 북한도 마찬가지였다.

평화적 통일정책을 수립하고 이를 추진한다"고 규정한 데 근거하고 있다. 이들 헌법의 통일관련 조항은 평화통일에 대한 강력한 의지를 표명하고 있다. 다시 말해 오늘날 시대적 상황을 고려할 때 평화통일의 사명의 구체적 제도화는 헌법 전체를 통해 가장 중요한 가치규범이다. 통일교육지원법은 이러한 헌법적 목표를 구체적으로 실천하기 위한 법률적 근거마련(실시체계)으로 볼 수 있다. 평화통일은 힘에 의한 통일이 아니고 상호존재의 인정과 더불어 서로에 대한 정확한 객관적 이해에 기초하여 민족통합에 접근해 가는 것이다. 통일교육은 바로 헌법 전문의 평화통일정책의 구체적 정책 수단이다.

한편 헌법 제3조(영토조항)[3]는 엄연히 북한 지역을 하나의 정치적 실체로 보지 않고, 미수복지구로 보고 있고, 미수복지구는 통일이 아니라 불법점거의 대상이므로 무력적 탈환밖에 다른 방법이 없다. 그래서 헌법 제3조와 평화통일조항 제4조는 상호 모순되며, 이러한 상충의 해결은 입법론이나 해석론이 있을 수 있다.[4]

2) 교육법: 홍익인간, 민족의 고유문화 앙양

통일교육지원법상 통일교육의 목표인 자유민주주의의 핵심가치는 인간의 존엄과 가치인데, 이것은 교육법상 '홍익인간'으로 더욱 구체화되어진다. 교육법상 교육의 목적은 다음과 같이 제시된다. "교육은 홍익인간의 이념 아래 모든 국민으로 하여금 인격을 완성하고 자주적 생활능력과 공민으로서의 자질을 구유하게 하여 민주국가발전에 봉사하며 인류공영의 이상 실현에 기여하게 함을 목적으로 한다."(교육법 제1조) 또 교육법은 "제1조의 목적을 달성하기 위해 … 2호/애국애족정신을 길러 국가의 자주독립을 유지 발전하게 하고, 3호/민족의 고유문화를 계

---

3) 대한민국 헌법 제3조: "대한민국의 영토는 한반도와 그 부속도서로 한다."
4) 이장희, "남북기본합의서의 법적 성격과 실천방안", 국제법학회논총 제43권 1호, 1998년 6월호, 대한국제법학회, pp. 240-243 참조.

승앙양하며 세계문화의 창조발전에 공헌하게 한다."(교육법 제2조) 그
럼에도 불구하고 교육법은 홍익인간을 통일 및 통일교육과 연결시켜 직
접 언급하고 있지는 않다. 그러나 전체적으로 교육법은 그 목적을 홍익
인간으로 보고, 그 목표실천을 애족정신과 민족의 고유문화 계승앙양에
서 찾음으로써 민족통일의 동질성 회복을 교육을 통해 구현할 것을 강
조하고 있다.

3) 통일교육지원법: 통일교육 활성화 지원 (1999년 2월 5일 제정, 동법 시행령 8월 6일 시행)

헌법과 교육법을 통해 '인간의 존엄과 가치'에 기반을 둔 '자유민주
주의'라는 통일교육의 목표는 통일교육지원법을 통해 더 구체적으로
제도화되었다. 다시 말해 통일교육지원법을 통해 통일교육이 법제도화
됨으로써 체계적인 통일교육 활성화 기반을 구축하였으며, 통일교육에
대한 국가의 책무를 인정하는 상징적 의미가 존재한다. 동법의 입법을
통해 정부도 통일교육이 공공적 사항임을 인정한 것이다.

(1) 입법취지
우선 법적 근거와 국민적 합의를 바탕으로 통일교육의 활성화, 관계
부처 간의 협의와 협조를 제도화하고 정부와 각급 통일교육기관과의 유
기적 협조체제 구축, 민간 통일교육 활동에 대한 정부의 행정적·재정
적 지원 강화에 그 입법취지가 있다.

(2) 주요 내용
○ **통일교육지원법의 목적(제1조)**
이 법은 통일교육을 '촉진하고 지원하는 데 있어 필요한 사항'을 정
한다. 다시 말해 정부가 통일교육을 공공업무라고 보고 적극적으로 촉
진하고 지원하겠다는 것이다. 촉진과 지원의 내용이 구체적으로 무엇인

가를 하위 법령을 통해 점차적으로 구체화해야 할 것이다.

○ 통일교육의 정의(제2조)

이 법에 따르면 "통일교육이라 함은 국민으로 하여금 자유민주주의에 대한 신념과 민족공동체의식 및 건전한 안보관을 바탕으로 통일을 이룩하는 데 필요한 가치관과 태도의 함양을 목적으로 하는 제반 교육을 말한다." 그렇다면 여기서 통일교육 목표로서 '자유민주주의에 대한 신념'과 '민족공동체의식', 그리고 '건전한 안보관'이 과연 무엇인지를 통일교육지침서를 통해 구체적으로 밝혀야 할 것이다. 이에 따라 통일부는 통일교육지침서를 발간하고 있다.

○ 통일교육의 기본 실시원칙(제3조)

기본 실시원칙으로, 첫째 자유민주주의 기본질서 수호와 평화통일을 지향하는 방향, 둘째 통일교육의 개인적, 파당적(派黨的) 목적 이용금지이다. 첫째 기본원칙에서 자유민주주의 기본질서 수호에 대한 지나친 강조는 상대방의 체제를 인정하는 헌법상 평화통일정책 방안과 일견 상호 모순되는 측면이 있을 수 있기 때문에 이에 대한 이론적 작업이 필요하다. 첫째 기본원칙의 위반자에게는 제11조에 의해 통일부 장관이 수사기관에 고발을 하게 하고 있다. 둘째 기본원칙은 파당목적 이용금지 위반자에게는 처벌 규정이 없어 그 실효성이 문제가 된다.

○ 통일교육심의위원회, 통일교육실무위원회 및 통일교육협의회 설립 근거 마련(제5조, 제10조)

통일교육에 관한 기본정책 기타 주요사항을 심의하기 위해 통일부 장관을 위원장으로 25인 이내 통일교육심의위원회를 구성한다. 그 구성은 통일관련 각 부처 차관급과 국회의장 추천 6인, 통일관련 학식과 경험이 풍부한 자 중에서 통일부 장관이 임명한 자로 한다. 이로써 통일교육심의위원회에 민간 통일전문가들이 참여할 수 있는 길이 열렸다고 할 수 있다. 통일교육심의위원회로부터 위임받은 사무를 처리하기 위하여 통일교육심의위원회 산하에 통일교육실무위원회(위원장 : 통일부 차관)를 둔다. 통일교육을 실시하는 자가 통일교육의 효율적 실시를 위한 협의·조정 기타 상호간의 협력증진을 위해 통일교육협의회를 설립한다(통일교육지원법 제10조). 이 근거에 따라 민간단체들이 2000년 5월부터 준비위원회를 결성하고 2000년 12월 22일 통일교육협의회를 창립하여 현재 활동하고 있다. 현재 통일교육협의회는 약 90여 개 시민단체(NGO)들로 구성되어 있다.

○ **정부의 임무규정(제4조, 제6조, 제8조)**

정부는 이 법 제1조에 따라 통일교육을 활성화하고 지원하기 위한 다음의 임무를 가진다. 정부의 임무규정 내용에는 통일교육 기본계획 수립, 통일교육실시, 통일문제연구의 진흥, 통일교육요원의 양성·지원, 교재의 개발·보급, 통일교육을 실시하는 자에 대한 경비지원 등 통일교육 활성화, 학교에서 통일교육 진흥 등이 포함된다.

○ **공공 교육기관 및 사회교육기관의 통일교육 반영노력(제7조)**

국가 및 지방자치단체가 설립한 교육기관 및 대통령령이 정하는 사회교육기관을 설치·운영하는 자는 교육훈련 과정에 통일교육을 반영하도록 노력하여야 한다.

○ **학교에서 통일교육 진흥노력(제8조)**

정부는 초·중등학교에서 통일교육의 진흥을 위하여 노력하여야 한다. 정부는 대학 등 고등교육기관을 설립·경영하는 자에게 통일 문제와 관련된 학과의 설치, 강좌의 개설, 연구소의 설치·운영 등을 장려할 수 있다.

ㅇ 관계부처 간 협의와 협조를 제도화(제9조)

공공 교육훈련기관 및 사회교육기관은 교육훈련 과정에 통일교육의 반영노력을 규정하였지만 선언적 규정에 그치고 있다. 통일부 장관은 통일교육관련 기관에게 통일교육 수강 요청을 할 수 있고, 이를 위해 관계 행정기관의 장 및 그 소속 단체장과 미리 협의한다.

ㅇ 고발 조치 (제11조)

통일부 장관은 통일교육을 실시하는 자가 자유민주적 기본질서를 침해하는 경우에는 수사기관 등에 고발한다. 여기서 '자유민주적 기본질서'의 내용 및 '침해' 정도가 어느 정도 수준이어야 하는지 구체화되어야 그 남용을 막을 수 있을 것이다.

4) 통일교육 실시체계 및 지침체계

통일교육 체계분석의 법제도적 조명은 상기 통일교육의 기본체계를 현장에서 추진함에 있어서 법제도적으로 분석하고 체계화시키는 작업이다. 그리고 이 분석에서 생기는 문제를 해결하기 위한 과제가 제기된다.

통일교육지원법상 통일교육의 추진체계는 크게 통일교육의 기본방향과 주요내용에 대한 '지침체계(software)'와 통일교육의 실시에 대한 '실시체계(hardware)'로 크게 두 가지로 구분할 수 있다. 전자의 지침체계는 통일교육지원법 제4조와 동 시행령 제2조에 따라 미시적으로 통일부의 통일교육심의위원회가 확정한 『통일교육기본지침서』를 학교통일교육과 사회통일교육에서 실시내용을 확정하고 반영하는 일이다. 후자의 실시체계는 거시적·제도적 관점에서 각 부처 상호간 및 각 기관, 관(官)과 민간단체 간, 그리고 민간단체 간의 협조체제이다. 추진체계의 법적 근거는 통일교육지원법과 동 시행령이다.

(1) 지침체계의 분석

○ 지침체계의 개략적 분석

현장에서 통일교육 실시자의 주관적 인식과 이념적 성향에 따른 통일교육의 혼선을 방지하고 북한 실상의 올바른 이해, 건전한 통일관 확산을 위해서는 통일교육 지침이 필요하다. 지침체계는 중앙실시기관, 중간실시기관 그리고 하부실시기관 간에 통일교육 지침을 통일교육 실시내용에 있어서 체계화하고 일관성을 유지하는 데 있다. 통일교육은 학교통일교육과 사회통일교육으로 구분한다. 중앙실시기관인 통일부는 통일교육지원법 제4조에 근거하여 통일교육 기본계획을 수립한다. 동법 제5조에 기초하여 통일교육심의위원회는 통일교육의 기본방향 및 주요내용을 담은 통일교육 실시기관의 지침서로서 통일교육 지침을 마련한다. 통일부의 통일교육 지침에 기초하여 교육부는 학교통일교육의 목표와 방법을 통일교육 교사용 지침서로서 학교통일교육 지침을 마련한다. 또 통일부의 통일교육 지침에 따라 통일교육원도 사회통일교육의 목표와 방법을 통일교육 전문강사용 지침서로서 사회통일교육 지침을 마련한다. 이 지침체계의 내용은 헌법 - 교육법 - 통일교육지원법 - 통일교육 기본계획 - 통일교육 지침 - 학교통일교육 지침/사회통일교육 지침 - 통일교육 운영계획으로 연결된다. 학교통일교육 지침은 제7차 교육 과정에서 수준별 교육 과정과의 조화를 꾀하는 노력도 있어야 할 것이다.[5]

○ 통일교육의 목표 부합성

통일교육 지침은 통일교육지원법상 통일교육의 목표(제2조)에 부합되어야 한다. 통일교육의 목표는 첫째, 자유민주주의에 대한 신념과 민족공동체의식을 바탕으로 한 바람직한 통일관 정립, 둘째, 통일환경과

---

5) 통일부, 통일교육의 방향과 실천과제, -중장기 통일교육의 발전계획-, 2001, pp. 28-29 참조.

남북한 실상에 관한 객관적 이해 및 건전한 안보관 확립, 셋째, 평화공
존과 화해협력의 필요성 인식 및 통일실현의지 함양이다.

첫째, 여기서 우선 가장 문제가 되는 것은 자유민주주의의 개념정의
이다. 자유민주적 기본질서의 구체적 요소로서 기본권 존중, 국민주권,
권력분립, 정부의 책임성, 행정의 합(合)법률성, 사법권의 독립, 복수정
당제 등이다. 자유민주주의의 보편적 개념과 한국 헌법과 교육법을 종
합적으로 검토한 결과, 통일교육이 추진하는 목표로서 자유민주주의의
가치는 자유, 평등, 복지, 정의의 실현을 통한 인간의 존엄이다.[6] 따라서
어떠한 이상적인 제도라도 인간의 존엄을 해치는 것은 수용하기 힘들
다. 그런데 통일교육 지침에는 자유민주주의에 대한 법적 근거와 구체
적 내용이 나타나 있지 않다. 따라서 통일교육 지침의 삽입내용으로서
간단하게 헌법(제4조) 및 교육법(제1조)적 근거와 자유민주주의 가치와
내용을 다음과 같이 설명, 삽입하는 것이 필요하다: "통일교육이 추구하
는 목표로서 자유민주주의에 대한 가치는 자유, 평등, 복지, 정의의 실현
을 통한 인간의 존엄과 가치를 구현하는 데 있다. 그 구체적 요소로서
기본권존중, 국민주권, 권력분립, 정부의 책임성, 행정의 합법률성, 사법
권의 독립, 복수정당제 등이다."

둘째, 통일교육지침서는 격변하고 있는 통일환경과 남북한 실상에 대
한 객관적 이해 및 건전한 안보관 정립에 부합해야 한다. 한 예로 지금
일반국민 대부분은 급변하는 북한을 정확하게 인식하지 못하고, 냉전시
대의 북한관을 그대로 갖고 있다. 그래서 지난 2001년 8 · 15 민족대축
전시 민간단체 방북에 대한 일부언론의 과장보도를 비판 없이 맹신하곤
했다. 이것은 일반국민들의 북한에 대한 객관적 인식의 부족에서 비롯
된다. 북한이 근본적으로 변하고 있다고는 할 수 없지만, 북한은 1990년
대 이후 그들 나름대로 큰 변화를 하고 있는 것은 사실이다. 통일교육지

---

6) 성정엽, "자유민주적 기본질서에 관한 연구", 인천논총 제6권 제2호, 1990.12.,
pp. 494-496 참조.

침서는 바로 북한 실상과 남북한 현실을 객관적으로 국민에게 보여주는 내용을 담아야 할 것이다.

셋째, 통일교육지침서는 일반국민에게 최소한도 남북한의 평화공존 문화를 인식시켜야 한다. 국가적·제도적 통일은 별도로 치고 남북이 상호 실체를 인정하는 것이 장기적으로 상호간에도 그리고 민족전체에게도 도움이 된다는 인식을 확산시켜야 할 것이다.

○ 통일교육의 기본원칙 부합성

통일교육 지침은 통일교육지원법상 통일교육의 기본원칙(제3조)에 부합되어야 한다. 통일교육실시 기본원칙은 첫째, 자유민주적 기본질서를 수호하고, 평화적 통일을 지향해야 할 것이다. 통일교육 지침은 자유민주의적 기본질서를 건강하게 유지·발전시키면서 평화적 통일을 점차적으로 지향한다. 둘째, 통일교육이 개인적이나 파당적 목적에 따라서는 안될 것을 내용으로 한다. 또 어떠한 일이 있어도 통일교육은 특정 정권의 이익이나 특정 이데올로기 교육으로 악용되어서는 안될 것이다.

(2) 실시체계의 분석

실시체계의 역할은 통일교육지원법에 근거하여 통일교육을 체계적으로 실시하는 데 있어서 행정적 지원과 협조체제를 구축하는 동시에 내용상 협의, 조정을 하기 위한 '시스템 구축(hardware 부문)'에 있다.

실시체계는 중앙실시기관은 통일부, 중간실시기관은 통일교육원, 각 부처, 교육부, 민주평통, 통일교육협의회이며, 하부실시기관은 직접 통일교육을 실시하는 자(통일교육원 교수, 각 부처 통일교육 담당공무원, 교육부의 통일교육 교사, 민주평통의 통일교육 평통자문위원, 통일교육 협의회의 통일교육 민간전문강사)이다. 그리고 실시한 통일교육의 효과를 최종 평가하는 기관으로 통일교육 조사연구기관이 있다. 학교통일 교육은 한국교육개발원, 사회통일교육은 통일교육원이 평가기능을 해야 한다. 그러나 통일교육에 대한 평가기관의 설치와 역할에 대한 법적 근거가 없다. 중앙실시기관인 통일부에서는 정부와 민간전문가로 구성된 통일교육심의위원회가 가장 핵심적인 실시체계기관이며, 핵심적 주요 통일교육정책을 심의한다.

그래서 다양한 주체에 의하여 다양한 내용으로 실시되는 통일교육을 통일교육지원법에 따라 체계적으로 실시하기 위해서는 직접 통일교육 실시를 책임지고 있는 중간실시기관 간에 원활한 협조, 협의 및 조정이 필요하며, 이를 위해서 통일부 산하에 '통일교육조정위원회(steering committee for unification education)' 구성이 절실하게 요구된다. 이 통일교육조정위원회는 정부부처 간 협의 및 관(官)과 민간단체 간의 협의 그리고 통일교육의 공(公)교육적 기능을 강화하기 위해서도 매우 필요하다. 통일교육심의위원회가 정책결정, 심의기구라면 이 통일교육조정위원회는 집행기구이다.

3. 통일교육에 대한 현행 법 · 제도 실시체계 및 지침체계의 분석과 문제점

1) 헌법의 분석과 문제점

우선 헌법 제3조(영토조항)는 엄연히 북한 지역을 미수복지구로 보고 있고, 미수복지구는 통일의 대상이 아니라 무력적 탈환의 대상이다. 그래서 흡수통일을 지향하는 헌법 제3조와 평화통일을 지향하는 제4조는 상호 모순되며, 이러한 상충성의 해결은 입법론이나 해석론이 있을 수 있다. 6 · 15 남북공동선언 이후 북한의 혁명적 변화에 부응하여 현행 헌법도 평화통일정책에 더 큰 비중을 두는 쪽으로 해석되고 운용되어야 할 것이다. 실제로 헌법 제3조는 북한을 이적단체로 보고 있는 현행 국가보안법의 근거로 활용되고 있어 남북관계 진전에 걸림돌이 되고 있다.

2) 교육법의 분석과 문제점

교육법(제1조)이 그 목적을 홍익인간의 이념에 둔 것은 남북간의 이념적 지평을 넓히고 민족동질성을 회복하는 데 큰 상징성이 있다. 다만 교육법은 통일 및 통일교육에 대해서는 직접 연관시켜 언급하고 있지 않다는 미흡점이 있다. 교육법이 일반법으로서 홍익인간 이념을 통일교육과 연계시켜 좀더 적극적으로 구체적으로 명시할 것이 요망된다.

3) 통일교육지원법의 분석과 문제점

정부가 원칙적으로 통일교육을 활성화하고 지원하기 위해 통일교육지원법이라는 특별법을 제정한 것에는 높이 평가한다. 통일교육지원법은 첫째로 헌법과 교육법의 민족통일 관련 의지를 구체화시켰다는 실질적 의미를 지닌다. 둘째는 화해·협력시대에 부응하여 격변하는 남북관계의 현실에 대한 객관적 이해를 높이기 위한 통일교육의 활성화와 지원을 최초로 법·제도화했다는 상징적 의미를 지닌다. 그러나 통일교육지원법의 선언적 성격으로 인해 통합적·체계적 통일교육 실시기반을 확보하는 데는 매우 미흡하다. 통일교육이 제대로 실시되려면 가장 중요한 것은 통일관련 교육기관의 협조의무와 국가재정지원이다. 그런데 동법 제7조처럼 통일관련 교육훈련기관의 협조가 단순히 노력수준에 있다. 동법 제8조 '학교에서의 통일교육진흥' 도 노력수준에 머물고 있다. 또 제6조 2항 재정지원도 "…을 지원할 수 있다" 라고 함으로써 확실한 재정지원 보장을 하지 못하고 있다. 상기 법규정은 권고적 성격에 불과한 방침규정 내지는 선언적 규정에 머물고 법적 구속력이 미약하다는 측면에서 보완 및 개정의 필요성이 있다.

그리고 통일교육의 정의(통일교육지원법 제2조)에 자유민주주의에 대한 신념을 지나치게 강조하면, 이것은 현정부가 추진하는 대북정책의 3대 원칙의 하나인 '흡수통일 배제' 와 모순되지 않는가 하는 의문이 남

는다. 제11조에서 자유민주적 기본질서를 침해하는 내용으로 하는 통일
교육을 실시하는 때에는 통일부 장관이 수사기관에 고발한다는 조항도
자칫하면 남용될 가능성이 있다는 우려가 있다.

그리고 통일교육지원법 제10조 통일교육협의회의 기능이 지나치게
협소하다. 통일교육의 실시주체는 책임성 있고 신뢰할 수 있는 민간단
체 협의회인 통일교육협의회가 자율적으로 계획을 세워 하되, 정부는
이것을 재정적으로 지원하고 최종 감독을 해야 할 것이다. 통일교육협
의회와 정부는 적절하게 역할분담을 하는 것이 바람직하다. 그런데 통
일교육지원법과 동 시행령상 통일교육협의회의 사업은 통일교육에 관
해 조사 및 연구, 자료수집 및 간행물의 발간, 계몽 및 홍보, 통일교육종
사자의 자질향상과 복리증진, 위임업무에 국한하고, 적극적으로 통일교
육을 실시하거나 새로운 통일교육전문강사에 대한 양성기능은 없다. 이
것은 민간 통일교육 중간실시기관으로서 통일교육협의회의 활동을 매
우 위축시키므로 개선이 돼야 할 것이다.

4) 통일교육 지침체계 및 실시체계의 분석과 문제점

통일교육 지침체계에 가장 문제점은 지침에 따른 교육실시 후 통일교
육실시에 대한 평가제도의 부재이다. 과연 관련기관이 통일교육 지침에
따라 통일교육을 제대로 실시했는지, 했다면 그 성과는 어떠한 것인지
평가가 제도화되어 있지 않다.

통일교육 실시체계의 문제점은 통일교육의 실태파악에 대한 실시기
관 간의 정보공유의 어려움이다. 현재 어느 기관이 언제, 어디서 어떤
내용으로 통일교육을 실시하였는지, 이에 대한 실태파악에 대한 협조체
제가 제대로 되고 있지 않다.

4. 통일교육과 법 · 제도적 개선과제

1) 통일교육실시 신고절차의 법제화

통일교육은 공공적 사항이고 매우 민감한 사항이다. 통일교육을 실시하는 자는 반드시 중앙 통일교육 실시기관(통일부)에 반드시 신고하는 절차를 거치도록 통일교육지원법에 명시해야 한다. 이 신고절차는 통일교육을 간섭하려는 목적이 아니고 통일교육을 효과적으로 지원하고 통일교육의 정확한 현황파악을 위해서도 매우 필요하다. 현재 어떤 기관이 몇 차례, 누구를 상대로, 어떠한 통일교육 내용으로 하고 있는지 실태분석이 거의 불가능하다. 통일부는 신고한 통일교육 실시자에 한해서 통일교육자료와 재정적인 측면에서 지원을 해주는 인센티브 부여의 법적 근거를 마련해야 할 것이다.

2) 통일교육 기반강화를 위해 법적 뒷받침 필요

통일교육이 현재 사회통일교육은 통일부가, 학교통일교육은 교육부로 분산되고 있다. 또 일반시민들의 사회통일교육에의 참가율이 매우 저조하다. 대학생들의 통일문제에 대한 무관심은 더욱 심각하다. 이러한 통일문제에 대한 기피 현상을 막기 위하여 통일부가 통일교육의 중심이 되어 총괄하는 일이 필요하다. 이처럼 통일교육의 외연적 확산을 위해서 통일교육의 통합을 위한 통일부의 확고한 중심역할, 그리고 통일교육수강자에 대한 구체적 인센티브 부여에 대한 법적 근거마련이 필요하다. 그리고 이를 근거로 공공기관 및 사회기관에서의 직무연수 인정 및 대학에서 학점인정, 공무원 선발시험 및 승진시험에서 통일문제 출제 등을 법제화하는 일이 매우 필요하다.[7]

---

7) 이장희, "통일교육 활성화. 제도적 방안 필요하다", 통일교육협의회 회보, 창간

3) 통일교육 대중화를 위한 [통일교육헌장] 제정

현행 통일교육 지침이 너무 복잡하고 구체적이므로 일반국민으로부터 대중성을 확보하기에 어려움이 있다. 이러한 점을 보완하기 위해서 통일교육 지침(헌법-교육법-통일교육지원법-통일교육 지침)체계에서 통일교육지원법과 통일교육 지침 사이에 [통일교육헌장]을 신설할 것을 제안한다. [통일교육헌장]의 기능은 통일교육의 대중성 확보를 위한 상징성, 그리고 모든 통일교육실시 때마다 식전에 낭독케 하여 통일교육 분위기를 보다 진지하게 만드는 기능을 한다. 통일교육헌장의 법적 성격은 통일교육 지침과 비슷하다. 통일교육헌장의 내용은 통일교육의 정의, 통일교육의 필요성, 통일교육수강에 대한 법적 근거제시 등을 내용으로 한다.

4) 통일교육에 걸림돌이 되는 법개정 노력

통일교육을 위해서 현행 통일교육지원법상 관계기관의 협조를 법적 구속력 있게 해야 하고, 통일교육 실시자에 대한 재정지원을 법적 의무화하는 방향으로 통일교육지원법의 개정이 필요하다. 다시 말해 통일교육지원법에서 "… 반영하도록 노력한다"라는 방침 문구는 삭제하고 "반영해야 한다"는 의무규정으로, "할 수 있다"라는 애매한 문구는 "하여야 한다"라는 의무규정으로 개정이 필요하다.

그리고 통일교육 실시자가 통일교육을 목적으로 하는 북한에 대한 실상 소개와 관련하여서는, 북한의 실상에 대한 긍정적인 면이 자칫 국가보안법 제7조(고무찬양죄)에 저촉될 우려 때문에 통일교육 실시자의 심적 부담을 줄 수 있다는 점을 고려해야 한다. 통일교육 과정 중에 북한에 대한 객관적인 소개와 이해교육이 자칫하면 교육자의 진의와는 달리

호, 2002년 5월 27일, pp. 6-7.

국가보안법 제7조의 고무·찬양·동조에 해당될 가능성도 있다. 그래서 통일교육을 목적으로 하는 북한에 대한 소개나 이해교육은 국가보안법 제7조를 배제한다는 명시적인 규정의 삽입도 검토할 필요가 있다. 간혹 피(被)교육생이 교육 실시자를 제11조에 의하여 고발하는 경우도 있을 수 있다. 자유민주적 기본질서의 내용이 구체적으로 통일교육 지침서에 명시되어야 하고, 그 침해정도의 기준은 명백하고 실질적 침해를 가져오는 경우로 한정한다는 통일교육지원법 제11조를 보완적으로 구체적으로 명시되어야 할 것이다.

5) 통일교육에 관해 民官의 적절한 역할 분담의 법제도화

지금까지 사회통일교육은 주로 통일부 소속인 통일교육원이 직접 담당하고 있다. 한편 지난 2000년 12월 발족한 민간통일단체의 협의체인 통일교육협의회도 2001년부터 회원단체 통일교육을 지원하고 있다. 통일교육 실시주체로서 전자의 통일교육원과 통일교육실시 협조자로서 후자의 통일교육협의회와의 관계정립이 매우 불확실하다. 통일교육원은 현재 통일교육의 직접 주체자로서 교육을 실시하고 있다. 한편 통일교육협의회는 통일교육을 직접 실시하기보다는 회원단체의 통일교육을 지원하고 협의, 조정하는 데 머물고 있다. 그러나 민간단체 협의회인 통일교육협의회가 통일교육 전문강사 양성이나 통일교육 실태조사에서 통일교육원보다 오히려 더 효과적일 수도 있다. 그래서 통일교육을 둘러싸고 양 기관은 향후 업무에서 중복을 피하고 적절한 역할 분담을 조정할 필요가 있다. 이를 위해서는 통일교육지원법 제10조 및 동 시행령 제15조의 개정이 필요하다.

6) 관 주도 통일교육의 점차적 지양

세계 유일의 분단국으로서 한국의 통일교육은 중요한 국가적 과제임이 분명하다. 그러나 현재의 통일교육이, 담당공무원이나 통일교육관계자가 법이 허용하는 한도에서 최대한의 노력을 다하였다는 점은 충분히 인정할 수 있다. 그러나 과거에 냉전적 사고방식에 기초한 정권안보교육의 틀을 크게 벗어나지 못하였던 관계로 관 주도의 통일교육 및 통일정책에 대하여 부정적인 선입관이 아직도 존재하는 것이 사실이다. 한 예로 한국 분단 50년의 역사에 있어 남북한 정상의 만남은 커다란 의미가 있으며, 이것은 특정 개인이나 정당의 업적이 아니라 지난 세월 통일운동에 헌신한 모든 사람의 공적인 것이다. 따라서 이와 같은 6 · 15 남북공동선언의 성과도 특정 정파의 전유물이 될 수 없는 것이므로 논란의 대상이 될 수 있는 성질의 것이 아닌 것이다. 그렇지만 이러한 6 · 15 남북공동선언의 설명을 정부 주도가 아닌 민간단체가 적극적으로 교육한다면 큰 거부감 없이 통일의식의 확산에 커다란 도움이 될 수 있다.

따라서 정부는 통일교육 실시의 관여에서 한발 물러서서 통일교육의 사회적 역할은 민간 주도의 사회통일교육단체에 점차적으로 일임하고, 학교통일교육 및 민간 통일교육단체에 대한 재정적 지원과 최종감독을 담당하는 것이 바람직하다. 통일분위기의 활성화와 통일 및 통합시기를 앞당기는 일은 다양한 주체에 의한 다원화된 접근이 필요한 분야인데 관 주도의 통일교육으로는 그 성격상 한계가 있을 수밖에 없으며, 특히 통일교육 분야에 있어서는 민간의 자율성과 창의성이 특히 필요하다. 그러므로 기존의 정부 주도에서 벗어나 오히려 통일교육 실시의 중심을 민간사회단체로 이관할 필요가 있다. 이 경우 통일교육에 대한 적절한 통제는 정부가 그 권한을 위임한 통일교육협의회와 같은 민간통합단체를 통하여 하도록 한다면 다양성의 확보와 적절한 지도가 가능하리라고 본다. 최근 통일교육심의회에 참여하는 위원들이 과거와는 달리 시민단체의 통일교육전문가와 각 정파의 통일교육 관심자들이 적절히 안배된 것은 개선된 점이다. 이것은 정권의 교체에 따른 통일정책이나 통일교육의 방향이 변질되는 일도 없을 것이고 통일교육에 대한 국민적 합의를 도출해 내는 일을 보다 용이하게 할 것이다.

7) 통일교육과 홍익인간사상의 법제도화

홍익인간사상은 현대의 인류 사회가 지니고 있는 근본적인 문제 해결의 가능성을 내포하고 있다. 특히 개인주의와 전체주의 간의 갈등을 해결해줄 수 있는 열쇠를 지니고 있다. 자유민주주의가 기반으로 삼고 있는 개인주의는 다원화 사회를 형성하여 개인의 자유와 창의 그리고 능률을 증진하고 다양성을 추구하는 데는 장점이 있으나, 그 사회의 평등의 실현과 통합에는 상당한 결함을 가지고 있다. 반면 공산주의가 기반으로 하고 있는 전체주의는 전체의 평등에 치중하여 개인의 자유와 창의 및 능률을 말살하고 독재와 비타협적 배타성을 낳는 결함이 있다. 반면 홍익인간사상은 이 둘의 장점을 모두 갖고 있는 개방적이고 포용력 있는 사상으로 개인을 사회적인 관계 속에서 다양한 개성을 지닌 자유로운 존재로 파악하고 있으며, 이들로 구성된 민족과 온 세상 사람들을 절대적 진리 앞에서 평등한 존재로 보고 있다. 즉, 인간이 모두 창의력을 지니고 있는 존엄한 존재일 뿐만 아니라, 인간과 이들로 구성된 민족 및 국가가 모두 독자적 문화를 지닌 대등한 관계에 있다는 것을 말해주는 것이라고 한다.[8]

홍익인간사상은 우리 민족의 국조인 단군이 고조선을 세울 당시의 건국이념[9]으로서 우리 민족의 건국정신의 원형을 이루는 것이다. 또한 홍익인간사상은 우리 민족의 독특한 주체성을 담고 있다는 점에서 통일한국에서도 새로운 민족주의로 수용 가능하다. 뿐만 아니라 홍익인간사상은 그 본질이 인본주의에 있으며, 근본적으로 세계평화주의를 추구하는 특성을 지니고 있으므로 통일교육의 궁극적 이상으로 삼을 수 있다.[10]

따라서 21세기의 한국은 홍익인간사상에 입각한 통일과 교육으로 새

---

8) 홍익인간사상의 통일한국 이념으로서의 가치와 통일교육에의 적용 문제는, 권성아, 홍익인간사상과 통일교육, 집문당, 1999.5. 참조.

9) 김구, 백범일지, 우래, 2000.7.20. p. 263.

10) 권성아, 홍익인간사상과 통일교육, 집문당, 1999. pp. 26-29.

로운 홍익인간을 형성하여 이들로 세계화를 이루는 방향에서 자아정체성을 찾아야 할 것이며,[11] 나아가 통일교육이념으로 홍익인간의 이념을 적극적으로 도입할 필요성이 있다. 홍익인간사상을 통일교육의 이념으로 도입하는 데는 현실적으로 몇 가지 필요성이 있기 때문이다.

먼저 홍익인간사상은 단군에서부터 유래하여 상해 임시정부를 거쳐 현재까지 면면히 이어져 내려온 우리 고유의 사상으로써 우리 한민족 모두를 통합하는 단초를 제공하여 줄 수 있는 이념체계이다. 그것이 선도, 풍류도, 삼균주의 그리고 일민주의 등 다양한 외관을 갖추었다고 하여도 그 본질은 단군의 홍익인간사상에 있음은 동일하며 우리 민족의 사상적 저변을 이루고 이어져 내려왔다. 따라서 통일교육의 이념으로 홍익인간사상을 도입하면 우리 민족의 통합과정을 앞당길 수 있다. 1992년에 체결된 남북기본합의서에서 남북은 서로 상대방의 체제를 인정하고 내부문제에 불간섭하기로 상호불가침선언을 하였다. 따라서 남북기본합의서의 선언에 충실한다면 남한은 자유민주주의를 유지하고 북한은 주체사상에 입각한 공산주의를 유지하게 되며 이에는 상호 간섭할 수 없는 것이다. 그러나 주지하다시피 자유민주주의와 공산주의는 양립하기 어려운 것이 현실이고 남북당국의 체제와 사상이 평행선을 유지하는 한 통합의 과정은 그만큼 멀고 험난할 수밖에 없다. 따라서 통일의 과정에서 보다 유연하게 상대방의 체제와 사상을 포용할 수 있는 방법을 택함으로써 보다 통일의 시간을 앞당길 수 있게 된다.

그렇지만 궁극적으로 통일한국의 이념은 자유민주주의가 되어야 한

---

11) 김인회는 [21세기 한국교육과 홍익인간 교육이념], 한국정신문화연구원, 앞의 책, pp. 75-76에서 21세기 한국교육의 과제를 홍익인간 이념의 본래적 개념에 비추어 다음과 같이 추출할 수 있다고 보았다: "첫째, 교육의 이념에서 사람과 자연을 함께 보는 홍익인간 이념의 본래적 의미를 회복하고 확인해야 한다." "둘째, 앞다투기 경쟁 대신, 더불어 어울리면서 살아가는 능력을 중시하는 교육을 강화해야 한다." "셋째, 다른 문화, 다른 민족들에 대한 이해와 관용적 정서를 기르는 교육을 확산 강화해야 한다." "넷째, 민족통일의 역사를 밝고 아름답게 만들어 가기 위한 교육의 구상과 실천이 필요하다." (권성아, "남북한 사회문화 변동과 홍익인간 교육"에서 재인용)

다는 데는 이론의 여지가 없다. 그것은 현재까지 인간이 만들어낸 제도 중 자유민주주의가 인간의 자유와 존엄성을 신장하는 데 가장 적합한 제도이기 때문이다. 그런데 여기에서 북한의 주체사상을 살펴볼 필요가 있다. 북한의 주체사상은 '사람이 모든 것의 주인이며 모든 것을 결정한다'는 사람위주의 철학적 세계관에서 출발한 것으로 역사의 주체와 사회발전의 원동력이 인민대중으로부터 나온다고 한다. 물론 주체사상의 실체가 본래의 취지와는 달리 1970년 초부터 '사람이 모든 것의 주인'이 아니라 김일성이 모든 것의 주인이라는 1인 신격체제의 논리로 이용되고 있지만,[12] 그와 같은 측면을 도외시하고 인간존엄성만을 확대 강조하는 북한의 논리에 말려들 수 있다. 따라서 그와 같은 북한의 논리를 사전에 차단하고 통일교육에 대한 이념적 갈등을 줄일 수 있는 방편이 될 수 있는 것이 바로 홍익인간사상이다. 그리고 홍익인간사상에 관하여는 남북한 모두 어느 정도 연구가 되어 있고 그 사상에 대한 긍정적인 인식을 갖고 있으며 남북한 모두 홍익인간사상에 대한 거부감이 적으므로, 통일의 과정에서 홍익인간사상을 통일교육에 접목함으로써 통합과정의 이질적인 사상적 정체성을 극복하는 데 도움이 될 수 있다.

홍익인간사상은 우리의 민족적 이상인 동시에 인류에 공헌한다는 세계이상에 부합되는 것이다. 교육의 목적은 교육을 받는 그 사람을 위하는 것일 뿐 아니라, 나아가서 전 인류가 함께 사는 데 있다. 그러므로 민주적 혹은 보편적 교육의 입장에서 볼 때도 홍익인간은 우리의 교육이념으로서 타당한 것이며,[13] 이 점은 통일교육도 예외가 아니라고 생각한다.

통일교육에 홍익인간사상을 도입하는 데는 2가지 방법을 생각할 수 있다. 먼저 통일교육지원법 제2조의 통일교육의 개념정의와 제3조의 통일교육의 원칙에 관한 규정을 교육기본법 제3장의 교육의 진흥부분으

---

12) 이창주, "통일이후 사회통합을 위한 남북한 교육정책", 북한연구, 1999. p. 112.

13) 손인수, '홍익인간의 교육이념', 새교육, 대한교육연합회, 1988.3. p. 97.

로 이관하는 방안이다.[14] 이 방법은 기존의 교육법의 이념으로 홍익인간사상이 언급되어 있으므로, 통일교육에 자유민주주의의 이념을 수용하면서 보다 폭넓게 다른 사상체계도 포용할 수 있는 홍익인간사상을 도입하는 점에 있어 사회적 거부감을 줄일 수 있다. 또한 통일교육지원법상의 이념과 교육정책을 교육지원법상으로 이관함으로써 통일교육지원법을 통일교육지원이라는 본래의 목적에 충실한 법으로 특화할 수 있다. 그리고 교육지원법상에 통일교육에 대한 부분을 도입함으로써 통일교육에 대한 교육부의 적극적인 참여를 유도할 수 있으므로, 학교통일교육과 사회통일교육의 유기적인 연계를 기대할 수 있다. 반면 단점으로는 통일부와 교육부의 원활한 협조가 이루어지지 않을 경우 양 정부기관의 경쟁적 개입으로 기존의 취약한 사회통일교육기반을 더욱더 약화시키는 결과를 초래할 수 있다.

기존의 통일교육지원법상의 규정을 수정하여 자유민주주의 이념을 주된 근간으로 하되 다른 사상을 포용하는 데 훨씬 유연하게 대응할 수 있는 홍익인간사상을 새로이 규정하는 방법도 생각할 수 있다. 이 방법은 규정하는 과정에서 홍익인간사상에 대한 충분한 이해가 부족하여 부정적 시각을 갖고 있는 사회계층으로부터 많은 반대가 있을 것으로 예상된다. 그리고 여전히 학교통일교육과 사회통일교육의 원만한 교류에 결여된 채로 남게 되어 양 교육 간의 유기적 연계방안에 대한 더 많은 노력과 시도가 필요하게 될 것이라는 점도 걸림돌이 될 것으로 예측된다. 그러나 장점으로서는 사회통일교육단체가 현재와 같이 통일부와의 협력관계를 유지하면서 단일화되고 사상적으로 유연한 교육의 이념을 갖추게 되어 통일교육의 다원화와 활성화에 기여할 것으로 예상된다.

---

14) 허종렬, "통일교육지원법의 내용과 운용검토", 『새교육』, 2000. 9. p. 105.

5. 결 론

통일교육의 법적 정당성을 제공하는 기본체계는 법체계상으로 볼 때 헌법(평화통일)-교육법(홍익인간)-통일교육지원법(통일교육기본계획)-통일교육기본지침서(통일부/통일교육심의위원회)-사회통일교육지침(통일교육원)/학교통일교육지침(교육부)-통일교육기본운영계획(통일교육원)으로 이어진다. 여기서 교육법이 일반법이라면 통일교육지원법은 특별법에 해당된다. 이러한 통일교육관련 법제 속에는 유무형으로 냉전적 잔재가 깔려 있다. 본 연구의 주요 초점은 통일교육이 이데올로기적 속박에서 벗어나 자유롭게 실시되도록 보장하는 법제도적 개선책에 있다.

지난 9월 21일 발표된 신의주 행정특구 기본법은 하나의 국가 안에서 사회주의와 자본주의적 시장경제가 공존하는 중국에서 홍콩의 1국 양제(兩制)와 매우 유사하다. 이처럼 현재 북한은 근본적 개혁의 길목에 들어서고 있다. 우리는 이러한 북한의 개혁과 개방을 더욱 촉진하도록 그 기반 조성의 확산을 법제도적으로 뒷받침할 필요가 있다. 이것은 우리 국민들의 대북한 변화에 대한 객관적인 기본 인식을 갖게 하는 일이라고 본다.

이를 위해서 남북 문제를 둘러싼 우리 사회 내부의 이념적 갈등을 해소하면서 우리는 통일의식과 통일교육의 기반을 확충하는 일을 동시에 추진하여야 한다. 그리고 남북 화해와 협력이라는 과제는 어떤 특정한 정파나 정권이 독점할 수 있는 것이 아니라 모든 국민이 공유하여야 한다. 이제 우리는 북한을 더이상 냉전적인 적대상의 틀로 보아서는 안되며, 평화공존의 동반자로서 보아야 하며, 이를 달성하기 위해서는 한반도 냉전 구조의 해체를 위한 실현 가능한 새로운 패러다임을 모색하여야 한다.

이처럼 화해·협력과 평화공존의 남북관계가 강조되는 현 시점에서 국가보안법을 비롯한 냉전적 법령은 적대관계를 고수하는 법으로서 헌법에 평화통일사명에 상충되는 위헌적인 성격을 가지고 있을 뿐만 아니라, '남북기본합의서' 및 '6·15 남북공동선언' 등 남북의 협력과 교류를 촉진하는 남북기본합의 정신에 어긋나는 법적인 모순을 안고 있다.[15] 이와 같은 국가보안법의 고수는 과거 군사정권처럼 통일정책과 통일운동을 전적으로 정부가 독점하여야 한다는 냉전적 사고의 발현으로, 다양한 통일운동의 전개나 통일교육의 다원화에도 커다란 걸림돌이 되고 있는 실정이다. 따라서 국가보안법을 비롯한 냉전적 법령은 이제 개폐되어야 한다.[16] 또한 국방백서에서 기존의 '주적개념'이 유지되는 경우 통일운동이나 통일교육의 활성화나 다원화에는 제약으로 기능할 수밖에 없다. 따라서 '주적개념'이 변경될 필요가 있다. 북한을 우리의 주적이라고 하는 대신 "우리의 자유민주체제와 안보에 중대한 위협을 주는 세력"을 주적이라고 표현하는 개념의 변경도 고려하여야 한다.

그리고 홍익인간사상은 현대의 인류 사회가 지니고 있는 근본적인 문제 해결의 가능성을 내포하고 있다. 특히 개인주의와 전체주의 간의 갈등을 해결해 줄 수 있는 열쇠를 지니고 있다. 서로 정반대의 정치적 사상아래에서 반세기를 보낸 남북간의 문제에 있어서는 사상 문제의 통합은 시급하고 중요한 일이 아닐 수 없다. 따라서 통일의 과정에는 홍익인간사상을 그 이념으로 적극적으로 도입할 필요성이 있다고 판단한다.

또한 과거 군사적 권위정부처럼 거의 모든 통일정책과 통일운동 그리고 통일교육을 정부가 독점하려고 하는 경우에는 통일교육의 활성화와 다원화는 어려울 것으로 생각된다. 그러므로 정부는 적극적인 통일교육의 관여에서 한발 물러서서 통일교육의 사회적 역할은 민간 주도의 사회통일교육단체에 일임하고, 학교통일교육 및 민간 통일교육단체에 대

---

15) 이장희 외, 『6·15 남북공동선언과 통일지향적 법제 정비 방향』, 아시아사회과학 연구원, 아사연 학술포럼시리즈 2001-2, 2001.7. 참조.

16) 최병모, "국가보안법은 폐지되어야 한다", 『국가보안법 이대로 좋은가?』, 국가보안법폐지를 위한 천주교연대, 국가보안법폐지를 위한 심포지엄, 1999년 9월 15일, pp. 15-30 참조.

한 재정적 지원과 최종감독 그리고 통일교육에 대한 기본 정책수립을 담당하는 것이 바람직하다. 즉, 기존의 통일교육이 거의 전적으로 정부에 의하여 주도된 이념교육이었으므로 이제는 주로 민간사회단체가 중심이 된 사회·문화 교육으로 대체되는 것이 바람직하다. 물론 이 경우에도 전적으로 이데올로기 교육을 배제하자는 것이 아니며, 그 자체가 통일교육의 성격상 불가능한 것이다. 다만 이데올로기 교육의 비중을 대상에 따라서 탄력적으로 조정하자는 것이다.

따라서 통일교육협의회의 권한과 책임을 강화하고, 그 기능을 활성화하고 통일교육의 다원화를 추진할 필요가 있다. 이 경우 통일교육에 대한 적절한 통제가 문제가 될 수 있는데, 이는 통일교육협의회 등 정부가 그 권한을 위임한 통합단체를 통하여 하도록 한다면 다양성의 확보와 적절한 지도가 가능하리라고 본다. 또한 통일교육정책에 대한 심의기관인 통일교육심의회에 참여하는 위원들이 과거처럼 전적으로 정부중심으로 구성되지 않은 것은 다행이다.[17] 이처럼 시민단체의 통일교육전문가와 각 정파의 통일교육관심자들이 적절히 안배되도록 구성한다면 정권의 교체에 따른 통일정책이나 통일교육의 방향이 변질되는 일도 없을 것이고 통일교육에 대한 국민적 합의를 도출해 내는 일이 보다 용이할 것이다.

그래서 향후 통일교육을 더욱 활성화하기 위하여 법제도적으로 다음과 같은 개선이 필요하다:

1) 통일교육실시 신고절차의 법제화
2) 통일교육 기반강화를 위해 법적 뒷받침 필요
3) 통일교육 대중화를 위한 [통일교육헌장] 제정
4) 통일교육에 걸림돌이 되는 법개정 노력

---

17) 통일교육지원법 시행령 제3조(통일교육심의위원회 구성) 3호: "통일교육에 관한 학식과 경험이 풍부한 자 중에서 위원장이 임명하는 자". 이 조항으로 민간 통일전문인이 참여하고 있다.

5) 통일교육에 관해 民官의 적절한 역할 분담의 법제도화
6) 관 주도 통일교육의 점차적 지향
7) 통일교육과 홍익인간사상의 법제도화

위와 같은 통일교육과 관련된 법제도적 개선이 이루어진다면 우리의 통일교육은 국가보안법과 같은 냉전법령처럼 법적인 제재나 국방백서에서의 주적개념과 같은 교육목적의 혼란을 부르는 요소를 제거하게 된다. 동시에 홍익인간사상이라고 하는 개방적이고 포용적인 사상을 바탕으로 정부의 적극적인 재정지원 아래 통일교육의 활성화와 다원화를 기할 수 있다. 이 경우 통일교육을 담당하는 통일교육정책은 기존의 관 주도의 통일교육정책에서 民官협력의 통일교육정책으로, 오히려 한발 더 나아가 장기적으로 민간의 사회통일교육단체가 자율적으로 통일교육을 주도하는 형태를 이루게 될 것이다.

제4장

통일 문제에 대한 무관심/기피 현상과 법·제도 개선 방안

김 용 철

1. 서 론

국제여건의 변화와 함께 우리 통일 문제를 둘러싼 여건들도 끊임없이 변화하고 있다. 우리 분단의 원인이었던 강대국 간의 정치적·군사적 대립과 냉전적 대결구도는 종료되고 한반도 평화통일의 기반이 될 수 있는 여러 여건들이 조성되고 있다. 이러한 외부적 통일여건의 형성과 함께 우리 스스로에게도 경제, 문화, 사회 그리고 정치 등 각 분야에서 통일환경을 조성하는 노력이 요구되고 있다. 이러한 노력의 중심적 역할을 통일교육이 담당하여야 할 것이다. 이러한 통일교육을 통하여 통일이라는 우리 민족의 가장 기본적 생존조건을 달성함과 동시에 통일된 한국이 가장 바람직한 미래상을 갖출 수 있도록 통합에 필요한 가치관과 이념 그리고 정보와 태도를 국민들이 갖출수 있도록 하여야 한다.

이와 같은 현실적 필요성이 절실함에도 불구하고 통일에 대한 무관심

〈표 1〉 통일교육의 다원화와 통일교육영역의 확장

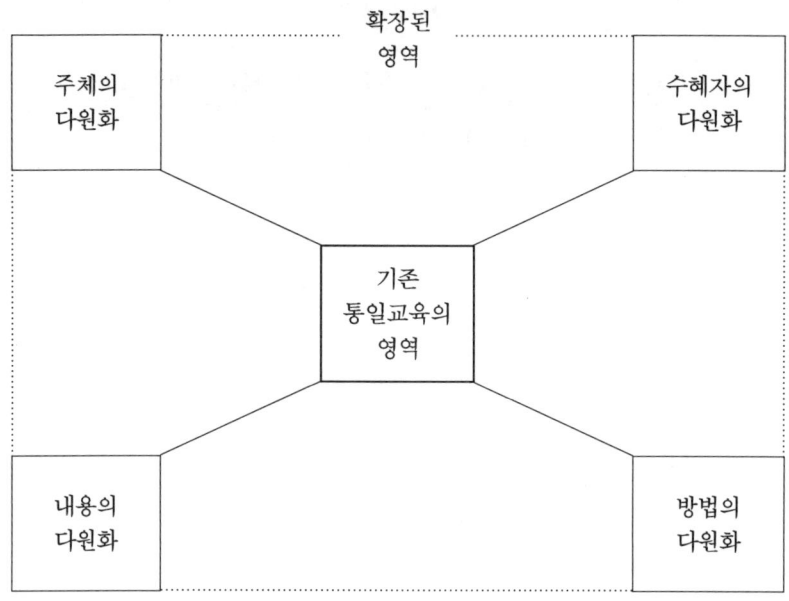

과 기피 현상이 상당부분 존재하고 있다. 이러한 통일에 대한 무관심과 기피 현상을 없애고 전 국민이 참여하는 통일환경의 조성을 위하여 통일교육도 기존의 단순한 체제안보 중심의 반공교육에서 벗어나 통일교육의 다원화를 이루어야 한다.

통일교육의 다원화를 위하여 기존의 통일 문제에 대한 무관심과 기피 현상을 초래하는 구조적인 측면의 문제점들을 미시적인 관점에서 살펴볼 필요가 있다. 문제점들에 대한 충분한 인식은 해결의 전제가 되기 때문이다. 이러한 문제점들은 그 원인을 고려하여 다음과 같은 4가지 형태로 분류할 수 있다. 통일교육의 주체, 교육수혜자, 내용, 그리고 방법에 따라서 그 문제점과 법제도적 정비 방안이 다를 수 있다. 그리고 이와 같은 4분야에 대한 각각의 다원화를 통하여 그 활성화를 추구한다면 기존의 통일교육영역이 더욱 확장되는 결과를 가져올 수 있다.

2. 통일교육과 관련된 구체적 문제점

1) 통일교육주체와 관련된 문제점

(1) 정부 주도의 통일교육의 문제점

통일교육은 다원적 접근방식을 통한 국민적 합의가 필요한 것으로 다양한 의견들이 공통의 가치를 발견해 나갈 수 있도록 실시되어야 한다. 정부가 통일정책의 홍보차원에서 일방적인 주입식 교육을 할 경우 소수의 견해를 가진 국민들로부터 배척당할 가능성이 높으며, 이는 다수 국민들의 무관심으로 이어질 수 있다. 그런데 기존의 통일교육은 제도권이 중심이 된 '통일안보교육'이 그 대부분을 차지하고 있으며, 그 내용은 대한민국의 정통성을 강조하고 북한의 존재를 부정하며 집권자의 통치이념을 확산하는 정권 안보적 성격이 짙었다는 사실을 부인하기 어렵다.[1] 이러한 풍토는 적대적 공생관계를 통한 권력의 독점 및 유지와 밀접한 관계가 있는 것으로, 이것은 통일교육 제도화의 강화를 가로막는 장애요인으로 작용하고 통일교육 전문인력의 양성을 어렵게 하는 요인으로 작용하기도 하였다.[2] 따라서 정부당국은 통일교육이나 통일관련 자료를 독점하려고 하여서는 안 되고, 통일정보자료에 대한 종래의 독점적 구습에서 벗어나 과감한 개방으로 정책전환을 하여야 한다.

(2) 통일교육 전문인력의 부족

현재 대학의 북한관련학과를 위시하여 일부 통일교육사회단체 및 통일교육원 등에서 통일교육 전문강사과정 등을 시행하여 통일교육 전문인력을 양성하고 있다. 그러나 이것만 가지고는 통일교육을 담당할 수

---

1) 오수열, "남북통일과 민주시민교육의 기능과 역할", 호남정치학회보(제6집) 호남정치학회, 1995. p. 76 (서춘식, "21세기를 대비한 민주시민교육에 관한 연구", 조선대 사회과학연구 제19호, p. 217에서 재인용).
2) 고용권, "통일교육의 활성화방안", 현대이념연구 제2집, 1997.12. p. 70.

있는 전문요원을 양성할 수 있는 교육시설이 충분하다고 할 수 없는 실정이다. 따라서 사회에서 요구하는 다양한 분야의 질 높은 통일교육 전문인력을 충분히 공급할 수 없으며, 이것이 통일교육과 관련된 문제점 중의 하나로 나타나고 있다.

(3) 통일교육 담당 교사의 문제점

학교통일교육의 주체인 통일교육을 담당하는 교사의 경우조차도 통일교육에 대한 다양한 경험이나 연수의 기회가 부족하며, 충분한 통일교육 관련정보가 체계적으로 제공되지 않고 있다고 한다. 또한 기존 법제도의 영향으로 다양한 통일교육에 대해 아직도 위험부담이 있는 민감한 부분으로 생각하고 있으며, 과도한 업무부담 등으로 정규교과 외의 다양한 통일교육을 펼쳐나가기 어렵다는 점들이 지적되고 있다.[3]

2) 통일교육수혜자와 관련된 문제점

(1) 수강자의 수준에 맞지 않는 통일교육

모든 교육은 교육수혜자의 지적 수준에 맞는 적절한 교육이 시행되어야 소기의 성과를 올릴 수 있다. 그러나 기존의 통일교육이 교육수혜자의 지적인 수준에 맞는 교육이 제공되었는가에 대하여는 의문이 아닐 수 없다. 특히 지적발달의 수준이 충분히 완성되지 못한 학교통일교육의 경우 이러한 문제점의 심각성이 더욱 두드러진다. 지적발달의 수준이 완성되지 못한 학생들에게 어른들도 이해하기 어려운 이론 중심의 교육과 통일의 당위적 필요성만이 강조되어 왔다. 그 결과 학생들에게 통일을 '이해하기 어렵고 당위적인' 것으로만 인식하게 하는 문제점이 지적되고 있으며,[4] 입시위주 과목에 대한 학업부담 등으로 결과적으로

---

3) 이광호, "제7차 교육과정에서의 중학교 도덕과 통일교육 활성화 방안", 통일문제연구, 99년 하반기호, p. 244.

4) 이장원, "새천년 통일교육의 화두는 평화와 화해", 통일한국, 2000. 1. p. 85.

통일교육에 대한 무관심을 초래하고 있다.

(2) 통일교육 사각지대에 대한 교육기회의 부족

북한 전문가들은 통일 후 남북간 사회문화적 통합과정에서 발생할 수 있는 이질감을 최소화하는 데 주부들의 역할이 매우 중요하다고 강조하고 있다. 따라서 전업주부들에 대한 적극적이고 다양한 통일교육의 기회가 제공되어야 하나, 현실은 전혀 그렇지 못한 실정이다. 뿐만 아니라 장애인들의 경우 통일교육에 접할 기회가 상대적으로 적으며, 기존의 냉전적 사고방식에 안주하는 기성 세대는 통일교육 자체에 대한 거부감을 갖고 있기도 하다. 따라서 이와 같은 통일교육의 사각지대에 위치한 국민을 위한 통일교육프로그램이 활성화되어야 한다.

(3) 북한이탈주민과 통일교육의 문제

앞에서 지적한 바와 같이 북한이탈주민에 대한 무관심과 지원에 대한 인색은 충분한 통일교육을 받지 못한 결과이다. 그러나 이것은 우리의 통일 과정에서 북한 주민과의 민족적 동질성을 확립하는 데 결정적인 역할을 할 전망이다. 즉, 우리가 어려움에 처한 북한이탈주민들을 어떻게 보호하고 지원하였는가 하는 것은 이후 통일 과정 및 통일 이후 남북한의 사회통합에 중요한 영향을 미친다. 따라서 북한이탈주민의 원만한 남한 사회에의 적응을 위하여 정부와 민간 차원의 지속적인 노력이 필요하다. 그럼에도 불구하고 남북한의 가치관 및 의식구조의 차이, 취업능력 결여, 사회적 편견 그리고 통일의식의 미비 등으로 인해 북한이탈주민들은 한국 사회에 적응하는 데 많은 어려움을 겪고 있는 것이 또한 현실이다. 오래전에 한국에 귀순한 탈북동포가 한 '남한에는 거지가 많다고 들었는데, 와서 보니 거지는 없지만 사기꾼은 많더라' 는 말은 많은 것을 생각하게 한다.

3) 통일교육내용과 관련된 문제점

(1) 통일교육의 중복과 편중

현재 진행되고 있는 통일교육내용이 비슷비슷해 중복되는 경우가 많고 전문성과 특수성을 찾기 어려우며 지속성도 결여하고 있다는 비판이 있다.[5] 뿐만 아니라 그 교육내용에 있어서도 이념이나 체제 내지 제도에 집중되어 있어 실질적 통일대비교육으로써 부족하며, 수강대상의 관심이나 요구수준을 거의 고려하지 않고 있다. 또한 교육기관별로 북한·통일문제에 대해 인식의 큰 편차가 존재하여 수강자들이 혼란을 겪고 있는 문제점들이 지적되고 있다.[6]

(2) 통일교육에 대한 인식의 부족

현재 통일교육의 비중은 기존의 냉전체제하의 극단적 남북관계에 기인한 '철저한 안보위주'의 국제정세와 안보환경, 대북정책, 민족공동체 통일방안 등 이념과 체제에 치중하고 있다. 결국 사회통일교육은 수료생들에게 이러한 통일교육이 정부정책 홍보용으로 인식되어, 오히려 통일 문제에 대한 지속적 관심을 유도하지 못하는 결과를 초래하였고, 결국 통일에 대한 합의점을 찾지 못한 남남갈등의 원인이 되기도 하였다.

학교교과과정에서 도덕(윤리)과목의 통일교육과정은 나름대로 체계를 갖추고 있지만 사회, 역사, 지리, 국어 등 다른 교과에서는 단편적·파편적으로 통일교육이 진행돼 왔거나 아예 다뤄지지 않았다. 국어과목의 경우 직접적으로 통일교육과 관련된 내용은 남북 언어의 차이에 관한 것이 중학교 한 단원, 고등학교 한 단원뿐이며 간접적으로 관련 문학작품이 몇 편 실려 있을 뿐이다. 교과과정에서 비중이 약한 것은 곧바로 절대적인 교육시간 부족을 가져오고 통일교육은 별로 중요하지 않은 교

---

5) 김상환, "국민적 합의 도출하는 교육이 돼야 한다", 통일한국, 2001.3. p. 67.
6) 오기성, "정치적 제약 벗고 네트워크화 해야 한다", 통일한국, 2001.2. p. 67.

과영역으로 인식돼 왔으며 현장 교사들의 전문성 결여를 낳았다.

(3) 교육내용의 시사성과 적시성 문제

통일은 우리 국가와 국민 모두의 문제이므로 시의적절한 교육이 따라주어야 한다. 그런데 김대중 대통령과 김정일 국방위원장 간에 의견을 같이한 남측의 연합제와 북측의 낮은 단계의 연방제에 대한 논의나 지난 6월의 서해교전사태의 경우 시의적절한 해석과 통일교육이 따라주었는가에 대한 반성이 제기되고 있다.

4) 통일교육의 방법과 관련된 문제점

(1) 일방적 주입식 강의

현 사회통일교육은 대부분 초빙강사의 강의 위주로 진행되고 있다. 따라서 강사의 개인적 시각과 교육경험을 중심으로 강의가 진행되고 있으며, 객관적 시각이나 일관성의 유지를 담보하기 어렵다. 또한 기존의 학교통일교육도 지나치게 단선적이고 감정과 정의적 측면을 중심으로 천편일률적인 주입식 교수방식을 채택하고 있어서 동기유발과 흥미유지가 어렵고, 청소년들에게 거부감까지 불러일으킬 수도 있다는 점도 문제로 지적되고 있다.[7]

(2) 효과적인 교육방법의 미흡

기존의 통일교육은 교육여건이나 시설 등의 미비로 효과적인 통일교육방법이나 작용 기법 등에 대한 연구가 미흡하였다. 또한 통일 문제 내지 북한관계 전문서적이나 학습자료에 대한 접근 기회가 적었으며, 그나마 배분된 학습자료에 대한 활용이 부족하였다.[8] 그 결과 교육의 시간

---

7) 조정규, "민족 주체성 정립에 관한 연구", 동의대학교 통일논총 제13집, 2000. 10. p. 129.

8) 고용권, "통일교육의 활성화 방안", p. 71.

에 비하여 교육의 성과가 떨어지고 교육수혜자의 능동적인 참여를 유도
하지 못하는 원인이 되었다.

3. 통일교육 다원화의 문제점 해결을 위한 법 · 제도

1) 통일교육의 주체

(1) 정부

통일교육지원법의 규정에 따라 정부는 통일교육의 실시, 통일문제연
구의 진흥, 통일교육요원의 양성 · 지원, 교재의 개발 · 보급, 기타의 방
법으로 통일교육을 활성화하여야 할 임무가 있다. 따라서 정부는 통일
교육주체로서 가장 중요한 위치를 점하고 있다고 할 수 있다. 통일교육
지원법에 바탕을 둔 정부의 통일교육은 사회성원 간의 통일의식의 증진
과 화해 · 협력의 적극적인 통일관의 발전에 기여하여야 한다. 또한 통
일교육은 평화적인 통일문화의 형성에 이바지하는 가치관, 기능, 지식,
태도 등을 긍정적인 방향으로 증진해야 한다. 뿐만 아니라 정부는 올바
른 통일문화의 형성을 위하여 인간 상호간의 존엄성과 차이를 존중하
고, 평화적인 방법으로 통일하려고 노력하는 책임감 있고 포용력 있는
시민을 길러내기 위해 교육과정, 교육내용 그리고 신기술을 포함한 통
일교육의 다양화를 실현시키는 데 각별한 관심을 기울여야 하며, 학교
통일교육의 진흥에도 노력하여야 한다. 그리고 학교와 사회에서의 통일
교육에 종사하는 교육자의 역할을 확대하고 그 지위를 향상시키기 위한
조치를 취하여야 한다. 또한 통일교육을 실제 사회생활에 더 가까이 연
계시키며 이 교육과정이 상호포용과 협력 그리고 궁극적으로 평화적인
통일의 실천으로 이어질 수 있도록 통일교육종사자들을 도울 수 있는
가능한 모든 동반자와의 협력을 추구하여야 한다. 그리고 통일교육은
국민들에게 통일에 관한 현재 상황의 분석만이 아니라 바람직한 미래의

전망에 관한 자신의 판단과 행동에 기초하면서, 정보에 바탕을 둔 선택을 할 수 있는 능력을 길러주어야 한다.

이와 같이 통일교육에 있어서 정부의 역할은 지극히 크다 할 수 있다. 그러나 앞에서도 지적한 바와 같이 우리의 통일교육은 정권안보교육으로 변질되어 국민들에게 부정적인 인식을 갖게 하는 원인이 된 경험이 있다. 따라서 통일교육의 다원화와 활성화를 위하여는 정부가 기존의 적극적인 통일교육의 주도자의 역할에서 한발 물러설 필요가 있다. 즉, 적극적인 통일교육의 수행자로서의 역할은 민간 통일교육단체나 통일교육종사자에게 일임하고 정부는 통일교육의 든든한 후견인으로서의 역할을 하도록 하여야 한다. 이 경우 민간 통일교육단체의 다양한 통일관념과 통일의식에 따른 통일교육의 다원성이라는 장점이 상실되지 않도록 민간 통일교육단체에 대한 간섭이나 지도는 최소한으로 하도록 하여야 하며, 통일교육의 지속성을 확보하기 위하여 그 후견인적 지원은 충분히 이루어지도록 하여야 한다.

이를 위한 법제도적 정비 방안으로는 통일교육지원법상 통일교육지원단체에 대한 지원이 그 내용을 이루는 정부의 임무임에도 불구하고 "~할 수 있다"고 규정되고 있는 규정은 "~하여야 한다"고 보다 분명히 규정할 필요가 있다. 또한 통일교육단체에 대한 재정적 지원여부에 대한 판단의 권한을 전적으로 통일부장관에게 부여하고 있는 현행 규정도 수정되어야 한다. 이와 같은 권한의 부여가 앞에서 지적한 바와 같이 통일교육의 다원화를 가로막고 정부의 통일관에 부합하는 사회통일교육의 시행을 강요하는 직접적인 수단이 될 수 있기 때문이다. 그러므로 통일교육단체에 대한 재정지원의 판단여부는 민간 통일교육통합단체에 위임하는 것이 타당하다고 본다. 특히 통일교육의 수행과 관련하여 통일부장관으로 하여금 통일교육을 실시하는 자가 자유민주적 기본질서를 침해하는 내용으로 통일교육을 실시한 때는 수사기관 등에 고발하도록 하고 있는 통일교육지원법 제11조의 규정은 삭제하여야 한다. 이것은 다원주의적 통일관에 입각한 다양한 통일교육의 시행과 그 활성화를 근본적으로 제한하는 역기능을 할 우려가 있기 때문이다.

(2) 학교

학교는 자라나는 다음 세대의 통일관을 형성하는 중요한 통일교육의 수행주체이다. 학교에서의 체계적이고 시의적절한 통일교육은 건전한 통일관과 통일문화를 형성하는 가장 효과적이고 빠른 수단이 될 수 있다. 그럼에도 불구하고 현재 우리의 학교통일교육은 앞에서 지적한 다양한 문제점이 있는 것이 현실이다. 이러한 문제점을 해결하기 위하여는 먼저 학교통일교육을 전담하고 있는 교사들에 대한 다양한 통일교육의 수강기회가 보장되어야 한다. 또한 냉전적 사고의 틀을 깨고 건전한 통일관에 기초한 통일교육자료가 적절히 제공되어야 하며, 주입식 강의 방식을 탈피하고 체험학습 등 다양한 통일교육의 방법을 통하여 학생들의 자발적이고 적극적인 참여를 유도하여야 한다. 또한 이미 시행되고 있는 통일교육시범학교의 확대 등을 통하여 통일교육에 대한 지속적인 관심과 적극적인 통일교육활동의 활성화를 추구하는 것도 고려될 수 있다.

(3) 공공단체

사회통일교육의 양대축은 공공단체와 민간단체에서 시행되는 교육으로 구분할 수 있다. 현재 우리나라는 공무원이나 공적 기관에 근무하는 구성원들을 특성에 맞도록 교육하기 위하여 여러 종류의 단체가 설립되어 있다. 따라서 각각의 공공단체에서 수행되는 통일교육의 상황에 따라서 그 교육환경과 수강생의 특성이 다를 수밖에 없다. 그럼에도 불구하고 이들 교육기관에는 교육기관의 환경과 특성에 맞는 적절한 교육프로그램이 개설되어 있지 않은 실정이다. 이러한 원인은 이들 교육기관의 특성상 그 교육이 직무중심으로 이루어지고 있는 것도 있지만, 이들 단체의 주요한 관계자의 통일교육에 대한 낮은 인식도 한 몫을 하고 있다. 그러므로 교육수혜자의 특성 및 조건 그리고 교육기관의 환경 등을 고려한 차별화된 통일교육의 시행이 필요하다. 또한 이들 단체에서 교육을 받는 교육수혜자는 대부분 공적인 업무를 수행하므로 상대적으로 더 통일교육의 필요성이 있는 사람이다. 따라서 보다 적극적으로 이들 단체에서 교육을 받는 통일교육수혜자들의 참여를 유도하여야 한다. 이를 위하여 이들 교육수혜자에게 승진이나 봉급 등에 인센티브를 주는 방안이나 민간 통일교육단체에 그 교육을 위탁하는 방안도 검토될 수 있다.

(4) 민간 사회단체와 시민단체

활발하게 활동하고 있는 사회단체와 시민단체들은 여러 측면에서 통일교육을 수행하기에 가장 알맞은 지위에 있는 기관이다. 이러한 단체들은 정부로부터 독립된 위치에 있기 때문에 통일교육이 냉전적 사고에 기초한 정권안보교육으로 변질될 위험성이 적고, 다양한 통일관과 통일의식에 바탕을 둔 통일교육을 함으로써 자연스럽게 통일교육의 다원화를 이룰 수 있게 된다. 그리고 종교단체 같은 경우에는 인간에 대한 사랑 등 종교적 신념에 근거하여 행해지므로 보다 안정적이고 조건없는 통일교육이나 통일운동이 시행될 수 있다. 또한 이들 단체의 활동은 그 구성원들의 자발적인 참여와 봉사가 근간을 이루므로 이들 단체에 의하여 수행되는 통일교육은 교육수혜자의 거부감을 없앨 수 있고 적극적인 참여를 유도하기가 보다 수월한 장점이 있다.

반면 다양한 방법과 내용을 동원한 통일교육이 이들 단체에서 이루어지고 있으나 현실적으로 그 실태파악이 어려운 난점이 있다. 이를 해소하기 위하여 통일교육신고제의 도입을 검토하여야 한다. 이 경우 신고의 목적은 전적으로 통일교육의 실태파악으로 제한되어야 하며 통일교육의 신고를 강제하면 오히려 민간 통일교육의 자율성과 다양성 그리고 개방성을 약화시킬 우려가 있다. 따라서 신고한 통일교육단체에는 통일교육의 재정적 지원을 하거나 적절한 자격을 부여하는 방법 등으로 간접적으로 신고를 유도하는 방법이 보다 효율적이라고 생각된다. 또한

이들 민간사회단체와 시민단체는 열악한 재정상황으로 인하여 통일교
육의 시행이나 확산에 많은 제약을 받고 있는 실정이다. 이러한 부분에
대한 정부의 적극적인 지원을 강구하여야 한다. 그러므로 이들 단체에
적절한 사무공간의 제공이나 강의공간 및 통일교육자료 등의 지원을 위
한 '통일교육센터'와 같은 하드웨어를 건립할 필요가 있다.

(5) 통일교육종사자

실질적으로 통일교육수혜자와 직접적으로 대면하여 통일교육을 수행
하는 주체는 교사 등 통일교육종사자라고 할 수 있다. 따라서 통일교육
종사자의 수준 높은 자질과 통일교육에 대한 열망은 통일교육의 활성화
와 다원화에 직결된다. 그러므로 모든 교육관련자의 훈련에는 통일교육
을 반드시 포함해야 하며, 통일교육종사자를 교육하는 경우 그 활동이
통일교육의 전문성을 높일 수 있도록 시행되어야 한다. 교육과 관련된
IT산업 등과 첨단정보의 제공이나 새로운 교육방법의 연수기회가 우선
적으로 보장될 수 있도록 하여야 한다. 또한 통일교육의 시사성과 적절
성을 고려하여 이들 통일교육종사자에는 통일교육에 대한 다양한 재교
육의 기회가 우선적으로 부여되어야 하며, 이를 위한 법제도적 정비도
있어야 한다. 이들 통일교육종사자는 사회의 평화적인 통일문화 증진
에 중요한 역할을 맡고 있기 때문에 그들의 자질과 사기를 높일 수 있는
다양한 지원책과 인센티브를 부여하여 통일교육종사자들의 적극적이
고 자발적인 교육열의를 높이도록 법제도적인 방안도 강구하여야 한
다. 이들 통일교육종사자에 대한 적절한 보수의 제공이나 자격부여 그
리고 법정책적으로 인정될 수 있는 다양한 혜택 등이 그 예가 될 수 있
을 것이다.

또한 통일교육종사자들이 교육과 관련된 자료를 보다 쉽고 적절하게
확보할 수 있도록 하여야 한다. 이미 어느 정도 기초적인 교육에 활용될
수 있는 자료들은 개발되어 있으나 이를 필요로 하는 교육종사자가 보
다 쉽고 빠르게 획득할 수 있는 여건이 조성되어 있지 않다. '통일교육

관련자료도서관'과 같이 통일교육과 관련된 모든 자료를 한곳에서 비치하여 필요로 하는 자는 언제든지 한 장소에서 모든 자료를 확보할 수 있도록 하는 것도 좋은 방법이 될 것이다. 뿐만 아니라 기존에 발간된 통일교육관련자료들의 출판 및 복사비 등을 정부의 재정에서 지원할 필요가 있다. 이러한 방법을 통하여 통일교육관련자료는 보다 풍부해질 수 있고, 그 결과 모든 국민개개인에게까지 통일교육관련자료가 전달됨으로써 통일에 대한 의식의 재고에 도움이 된다.

북한이탈주민의 보호 및 정착지원에 관한 법률 및 동법 시행령 등에 의하여 북한이탈주민은 당사자의 수준에 맞는 적절한 재정지원과 함께 혜택을 부여받게 된다. 이러한 정부차원의 지원정책과는 별개로 교육의 능력이 있는 북한이탈주민을 적절한 통일교육을 거쳐 통일교육종사자로 활용하는 것도 고려할 필요가 있다. 이렇게 되면 남한의 통일교육수혜자는 직접 체험한 당사자로부터 생생한 북한 현실을 전해듣게 되어 북한 사회와 북한 주민을 이해하는 보다 효과적인 방법이 될 수 있다. 또한 통일교육에 종사하는 북한이탈주민도 보다 쉽게 남한 사회에 적응할 수 있게 되는 이점이 있다. 그러나 이러한 경우 개인적인 체험에 기초하여 북한이탈주민이 남한 주민에게 북한에 대한 부정적인 인식을 심어주지 않도록 적절한 통일교육과정의 선행이 반드시 있어야 한다.

2) 통일교육수혜자

지금의 남북관계에서 통일교육의 대상자를 국내 국민으로만 국한시킬 수는 없다. 남북정상회담 이후 남북관계 상황에서 우리는 통일교육을 통한 '지금-여기서(now and here)의 자세'로 통일의 주역인 다음 세대인 학생들뿐만 아니라, 해외동포 등 모든 국민의 지속적 관심을 모을 수 있어야 할 것이다. 통일의 주체는 우리 국민들뿐만 아니라 해외동포와 더불어 북한 주민도 되는 '함께하는 통일'이어야 한다.

(1) 학생

다음 세대 통일의 주역이 될 학생들은 가장 주요한 통일교육수혜 대상이다. 학생들에 대한 포괄적 안보관을 바탕으로 한 건전한 통일교육은 긍정적인 통일문화를 조성하고 조국의 통일을 앞당길 수 있는 중요한 요소가 된다. 학생들에 대한 통일교육의 대부분은 학교통일교육을 통하여 이루어지게 되며, 사회통일교육은 현행 교육제도상 부차적인 역할을 수행할 수밖에 없다. 따라서 학교통일교육이 긍정적인 방향으로 수행될 수 있도록 법제도적인 뒷받침이 있어야 한다.

먼저 충분히 지적 능력이 갖추어지지 않은 단계이므로 그 지적 수준에 맞는 통일교육이 시행될 수 있어야 한다. 지적 능력을 벗어나는 통일교육은 학생들로 하여금 통일에 대한 무관심과 거부감을 일으키도록 할 우려가 있다. 다음으로 기존의 주입식 강의방법에서 탈피하여 특별활동이나 체험학습 그리고 환경보호활동과 같은 다양한 통일교육방법을 강구하여야 한다. 학생들의 흥미를 유도하고 통일교육의 성과를 보다 효과적으로 올릴 수 있는 교육방법의 채택은 학생들의 자발적인 참여와 함께 통일 문제에 대한 적극적인 관심을 이끌어낼 수 있다. 학교통일교육의 전과목영역으로의 확대와 함께 통일교육을 이수한 학생들에게 적절한 인센티브를 부여하여 자발적인 학생들의 참여를 유도하는 것도 한 방법이 될 수 있다. 예를 들면 입시위주로 시행될 수밖에 없는 현 교육제도를 고려하여 학교통일교육수혜자에게 입시의 가산점을 부여한다든지 통일교육의 이수를 봉사활동의 이수로 인정하는 교육부 지침의 변경도 고려해봄 직하다.

(2) 일반국민

평화적인 통일여건의 기반조성은 전체 국민들에게 올바른 통일교육을 통하여 긍정적인 통일문화를 확장시키고 바람직한 통일분위기를 형성하는 과정을 거쳐야 한다. 일반국민을 대상으로 하는 통일교육과 같은 가치관과 이념교육에 강제성이 내포되어 있을 경우 그 역효과가 우려된다. 따라서 통일교육은 통일교육을 받는 자의 자발적인 참여가 바람직한 것이며, 이를 위하여 통일교육수혜자에게 학점인정이나 승진 등에 있어 가산점의 부여 등과 같은 다양한 형태의 통일에 대한 관심의 증진 및 교육참여를 위한 유인요인이 있어야 한다. 정당한 법제도적인 뒷받침이 없을 경우, 통일에 대한 부정적인 고정관념을 갖는 일부 계층에서 정치적인 악용의 우려가 있으므로 이를 제도적으로 방지하기 위한 법제도적인 조치가 고려되어야 한다. 따라서 통일교육을 개인적·파당적 목적으로 사용할 수 없도록 한 통일교육지원법의 규정은 타당하다. 다만 그것이 지나치게 편협하게 해석되어 통일교육의 다원화와 활성화를 가로막는 역작용을 하지 않도록 경계하여야 할 것이다.

(3) 공무원

우리 공무원은 세계 유일의 분단국의 공무원이다. 또한 통일의 과정 및 통일 이후의 통합과정에서 많은 주요한 역할을 담당하여야 할 임무가 부여되는 자도 공무원이 될 것이다. 따라서 우리 공무원은 우선적으로 통일대비자로 준비되어 있어야 한다. 그리고 공무원들의 건전한 통일관은 국가정책의 수립이나 집행에 있어서 중요한 밑받침의 일부를 이룬다. 그러므로 공무원의 경우 직·간접적인 통일업무에 종사하는 공무원은 물론이고 그러한 업무에 종사하지 않는 공무원의 경우에도 우선적으로 통일교육의 수혜자가 되어 건전한 통일관의 확립과 긍정적인 통일의식이 형성될 수 있도록 하여야 한다. 공무원의 경우 업무연수과정이나 승진을 위한 교육과정 중에 반드시 통일교육이 포함되도록 할 필요가 있다. 뿐만 아니라 그 통일교육이 한두 시간의 형식적인 시간때우기식이 되지 않아야 하며, 적극적으로 공무원들이 통일교육에 참여할 수 있고 강압적인 교육이라는 인식이 들지 않도록 하여야 한다. 따라서 공무원들의 특성에 맞는 다양한 통일교육방법 개발과 함께 공무원들의 승진시험과목에 반드시 통일관련과목이 포함되도록 하고, 통일교육을 이수한 공무원에게는 승진시 가산점 등을 부여하는 방안 등을 적극적으로 검토하여야 한다. 따라서 통일교육관련법상 공무원 등에 대한 "~통일 교육을 할 수 있다"라는 규정은 "~통일교육을 시행하여야 한다"는 식 으로 의무화할 필요가 있다.

(4) 통일교육 사각지대에 있는 국민

평화적인 통일여건의 기반조성은 전체 국민들에게 올바른 통일교육 을 통하여 긍정적인 통일문화를 확장시키고 바람직한 통일분위기를 형 성하는 과정을 거쳐야 하고 모든 국민에게 통일교육이 시행되어야 한다 는 점은 이미 앞에서 지적하였다. 기존의 통일교육에서는 교육의 수혜 자가 될 수 없는 통일교육의 사각지대가 존재하고 있다. 구체적으로는 좀처럼 평생사회교육의 혜택을 보기 어려운 전업주부, 신체적 장애로 인해 통상적인 교육의 기회에 접하기 어려운 장애인 그리고 고착화된 냉전적 사고방식으로 인하여 화해·협력의 통일교육에 대한 심리적 거 부감을 가지고 있는 일부 특정 계층이 그들이다. 이들에게는 보다 쉽고 자연스럽게 교육의 기회를 갖도록 하여 줄 필요가 있다. 따라서 인터넷 이나 TV 등 첨단 정보기기의 도움을 받아 편리하고 자연스럽게 통일교 육에 접할 수 있도록 할 필요가 있다. 특히 전업주부 같은 경우에는 학 교에서 자녀들과 공동의 체험학습이나 현장견학 등을 통한 통일교육을 시행하는 방법도 검토되어야 한다. 이를 위하여 통일교육지원법 제6조 에 통일교육 사각지대에 대한 통일교육의 확충을 정부의 임무로 추가 규정하는 것이 바람직하다.

(5) 그 외의 통일교육수혜자

통일교육의 필요성이 있으면서도 시간적·공간적 한계 등으로 적절 한 통일교육을 받지 못하는 사람들이 있다. 해외거주 동포, 해외에 체류 중인 북한이탈주민 그리고 북한 주민이 그들이다. 앞에서 언급한 바와 같이 지금의 남북관계에서 통일교육의 대상자를 국내 국민으로만 국한 시킬 수는 없다. 통일교육을 통하여 통일의 주역인 다음 세대인 학생들뿐만 아니라, 해외동포 등 모든 국민의 지속적 관심을 모을 수 있어야 할 것이다. 통일의 주체는 우리 국민들뿐만 아니라 해외동포와 더불어 북한 주민도 되어야 하기 때문이다.

다만 이들의 특성상 각각은 통일교육의 방향과 방법을 달리할 필요가 있다. 먼저 해외동포들의 경우 통일교육의 방향은 우리 통일정책의 기본방침과 정당함을 적극적으로 홍보하여 잠재적인 통일지원세력으로 구축하는 것이 필요하다. 이를 위하여 우리 통일정책에 대한 분명한 이해가 선행될 수 있는 방안을 강구하여야 한다. 이미 정부는 560만 해외동포들을 대상으로 민족공동체의식을 고취하고 통일 문제에 대한 해외동포사회의 이해와 역할을 제고하기 위해 다양한 홍보활동을 전개하고 있다. 또한 15개국 47개 동포 신문사·방송사에 정부의 대북정책 및 남북관계 현황에 대한 자료를 수시로 지원함으로써 우리 대북정책의 의미와 정당성 등을 동포사회에 알리고 있다고 한다. 그러나 해외동포를 대상으로 교육을 실시하는 것은 각 나라의 국민들에게 한반도통일에 관한 관심을 불러일으킨 긍정적 요인임에도 불구하고, 대체로 주요 4개국에 집중되어 있는 상황이다. 모든 해외동포들은 남북간의 문제에 있어서 우리측의 정당성을 국제간에 인식시키는 촉매의 역할을 할 수 있고, 남북간의 갈등을 완화시키는 데도 도움이 될 수 있으므로 소홀히 하여서는 안 된다. 따라서 남북화해·협력의 새로운 통일환경과 안보 문제에 대하여 한반도 주변국 및 각종 국제기구 등을 통한 교육을 실시함으로써 국제적 여론의 협력을 통한 범세계적 공조의 변화모색이 필요하다.

해외에 체류 중인 북한이탈주민도 통일교육의 수혜자의 범주에 포함시켜야 한다. 국내에 입국한 북한이탈주민의 경우에는 탈북자지원법 등의 도움을 받고, 사회적응과정 등을 거치므로 일반국민에 준하는 통일교육을 할 수 있다. 그러나 해외에 체류 중인 탈북주민의 경우에는 신분적 불안정과 국제적 역학관계에 따른 우리 정부의 행동적 제약 등으로 적절한 통일교육이 이루어지기는 현실적으로 어렵다. 그러나 다양한 탈북주민지원단체의 활동을 지원하는 방법 등을 통하여 탈북주민의 통일교육에 노력하여야 한다. 그것이 국제사회에서도 우리의 통일관과 통일 방법에 대한 신뢰감을 확보하고, 탈북주민의 남한 사회 적응과정을 보다 앞당기는 데 도움이 될 것이다.

현실적으로 북한 주민에 대한 통일교육은 여러 가지 제약으로 올바르게 이루어지기는 어렵다. 그러나 통일은 결과가 아니라 과정이라는 점을 고려한다면 북한 주민을 통일교육의 수혜자에서 제외하거나 북한 주민에 대한 통일교육을 포기할 수 없다. 그러므로 북한 주민에 대한 통일교육은 북한 당국이나 북한 주민의 심리적 거부감을 일으키지 않는 방향으로 보다 신중하고 조심스럽게 진행되어야 한다. 통일교육에 대한 적극적인 의식이 없는 잦은 접촉이나 일상적인 대화만으로도 민족의 동질성을 확인하는 데는 도움이 될 것이며, 이러한 노력은 통일 후 남북한의 통합과정을 줄이는 데 도움이 되리라고 본다. 따라서 경제적인 교류의 확대와 함께 인적인 교류의 활성화를 추구하여야 하며, 이를 위하여 인적인 교류를 가로막고 있는 법규정도 적절히 완화하여야 한다.

3) 통일교육의 내용

현실적으로 통일교육을 다원화할 필요성이 강조되고 있기는 하지만, 통일교육의 다원화가 통일 논의 자체를 해체시킬 위험성이 또한 있는 것도 사실이다. 이러한 이견에서 핵심적인 것은 인권, 평화, 다양성 등의 가치가 보편적인 가치를 강조하면서 남과 북 사이의 특수한 문제인 통일에 대한 문제를 보편적인 문제의 틀로 해소한다는 비판일 것이다. 이러한 측면에서 통일 문제가 특수한 문제라는 점을 부인할 수는 없으나, 보편적인 가치를 통일교육의 영역에 포함시킨다고 하여 그 특수성이 완전히 부인된다고는 보지 않는다.

앞에서도 이미 지적된 바와 같이 통일교육의 내용과 관련된 문제점은 많은 곳에서 지적된 바 있다. 통일교육의 비체계성과 비전문성의 문제점 외에도 통일교육의 내용과 관련해서 짚어져야 할 것은 통일교육의 내용이 이념, 체제, 제도 수준에서 언급되는 것이 대부분이고, 그것이 통일교육수혜자의 관심영역 밖에 존재하고 있다는 것이다. 따라서 수요자 중심의 교육이라는 측면에서 내용 갱신의 필요성은 교육의 효과라는 측면에서 불가결한 것이다. 통일교육이 기존 교육의 공백을 메꾸는 역할로서 교육내용의 개발, 교재 및 다양한 미디어의 개발, 지속적인 모니터링 작업 등에서 창의성이 필요한 것이다.[9]

통일부의 통일교육기본지침서는 통일교육의 내용으로 1) 통일의 필요성, 2) 북한 사회의 모습, 3) 북한의 변화 이해, 4) 통일환경의 변화, 5) 한반도 냉전구조해체 노력, 6) 대북화해협력정책과 남북관계, 7) 평화공존을 위한 노력, 8) 통일국가의 실현, 9) 통일을 준비하는 우리의 자세 등이 통일교육의 주요 내용이 될 수 있음을 밝히고 있다.

우리에게 절실한 평화적인 통일을 위하여는 통일교육이 반드시 필요하나, 이것이 특별한 주제와 지식으로 제한받아서는 안 된다고 본다. 통일교육의 내용은 남북한이 서로 상대방 문화에 대한 지식, 이해, 존중을 증진하도록 구성되어야 한다. 또한 통일 문제는 통일교육을 통한 통일문화의 확산이 그 기초가 되어야 한다. 이해관계가 다양하게 얽히는 통일교육의 특성을 참작하여 통일교육과정에 관계 있는 모든 사람이나 단체의 의사가 통일교육내용에 반영될 수 있는 길을 열어야 한다. 이데올로기 중심의 과거의 통일교육은 다원화 사회의 다양한 시민교육과 대립되는 점이 많을 수 있으나, 통일교육의 개념을 통일 및 그 이후 완전한 통합에 이르기까지 직·간접으로 관련된 모든 부문에 대한 교육으로 보는 관점에서는 반드시 대립적인 관계에 있을 이유는 없다고 본다. 확대된 통일교육의 영역에서 다양한 시민교육의 내용을 포함할 수 있다고 보는 것이다. 다만 이 경우 통일교육에는 다원화 사회의 다양한 통일관이 그 내용에 포함될 수 있도록 개방되어야 하나 절충주의에 빠

---

9) 김근식, "참여자가 주체되는 능동적인 교육이어야 한다", 통일한국, 평화문제연구소, 67쪽.

지는 위험을 경계하여야 하며 기본적으로 다음의 것들이 포함될 수 있다고 본다.

(1) 민주시민교육

민주시민교육은 인간존엄성의 존중, 기본생활예절과 질서의 습득 그리고 시민으로서의 기본적 자질인 민주적 절차 및 과정에의 숙달을 통한 합리적 의사결정능력의 함양을 목표로 하는 교육이다. 따라서 통일사회를 대비하는 차원에서 민주시민교육은 사회구성원 간의 갈등을 해결하고 사회 내부의 화합과 단결을 추구하는 데 필요한 자질을 형성키는 의미를 갖는다. 분단으로 인한 남북한 간의 갈등을 해소하고 민족 사회의 통합을 추구하려면 민주시민의 자질이 긴요한 것이다. 따라서 민주시민교육이 통일교육의 일부가 될 수 있다.

(2) 평화교육

평화교육은 존재하는 갈등관계를 공격성이나 배타성, 폭력을 통해 해결하지 않고 평화와 화해와 합의를 통해 해결하는 교육이다.[10] 남북한 간에 심화되어 온 적대감과 적개심을 해소하고 화해와 협력을 통한 통일을 이룩하려면 국내외적인 평화저해요인에 대한 경각심과 함께 한반도의 평화정착에 대한 의지를 갖출 필요가 있다. 평화교육은 북한과의 평화통일을 통하여 민족공동체를 형성하는 데 기여할 뿐만 아니라 21세기 지구촌시대를 맞아 지구공동체 의식을 확산하는 데 공헌하게 될 것이다. 바로 이러한 점에서 평화교육은 통일교육의 한 부분이 될 수 있으며, 이는 평화의 문제를 우리 민족의 문제에서 세계의 문제로 그 외연을 확대하는 장점이 있다.

---

10) 정세구 역, "민주시민교육", 서울 교육과학사, 1989, pp. 26-27(최현호, "남북통합을 위한 통일 교육방향 연구", 1998, p. 248에서 재인용).

(3) 민족공동체교육

민족공동체라는 것은 민족국가의 갈등과 분쟁을 지양하고 민족의식과 국가의지를 바탕으로 하여 공동체의 기능과 문화를 통합하여 보다 이상적인 민족의 미래상을 제시하는 동질적 집단이다.[11] 민족공동체는 생존공동체, 복지공동체 그리고 이념공동체의 형태을 갖추는 것으로서 민족공동체의식의 함양 교육은 맹목적인 민족우월주의나 민족지상주의에 빠지지 않고 공통적인 결속력에 의하여 민족이 집단적 생활을 영위하는 공동체에 대한 신념을 갖도록 하는 교육이다. 그러므로 민족공동체교육은 남북한의 통일과정이나 통일 후 통합의 과정에서 필수불가결한 교육인 것이다.

(4) 민족주의교육

한반도의 경우 냉전체제의 붕괴는 남북한 민족주의의 내용에도 많은 차이를 가져 왔다. 냉전체제하에서 불가피했던 체제 이데올로기의 성격을 벗어나서 단일민족으로서의 공존과 통합을 지향하는 진정한 의미에서의 민족주의적 변화를 모색할 수 있는 가능성이 넓어지고 있다. 그러나 어떠한 유형의 민족주의든 민족주의가 강조되는 것은 한 민족에게 주어진 역사적 특수성에 따른 자주독립국가의 건설과 통일된 독립국가의 건설에 있다.[12] 따라서 먼저 남북화해·협력시대에 통일교육의 방향은 무엇보다 추상적이고 과거 지향적인 통일교육을 벗어나 사실상의 통일을 전제한 민족화해와 공존 교육을 지향해야 한다. 즉, 다른 사람의 생활방식이나 견해를 이해하고 수용함으로써 타인과 더불어 사는 연습에서 시작하여 50여 년간 정반대의 사상과 체제 속에서 다른 삶을 살아온 사람들과 개방적인 대화를 통해 서로를 이해하고, 포용할 수 있는 태도를 함양하는 교육이 되어야 한다. 지금까지의 남북갈등 못지않게 심

---

11) 오기성, "이질화 극복을 위한 통일교육의 방향모색(II)", 북한, 1995.7. p. 170.

12) 최문성, "통일교육의 이념적 지향", 1997, p. 248.

각하게 받아들이고 있는 남남갈등의 위기 속에서 탈이데올로기적 접근이 더욱 필요한 것이다. 따라서 남북화해시대의 신민족주의는 기존의 배타적인 편협한 민족주의가 아니라 좌와 우의 이데올로기까지도 모두 포용할 수 있는 열린 민족주의가 되어야 한다. 동시에 남북의 문화, 의식, 생활방식의 차이를 인정하고, 대외적으로 국제협력을 유도하는 열린 민족주의 차원에서의 새로운 접근도 요청된다.

(5) 인간교육

인간교육이란 인간의 자아실현을 학습의 궁극적 목표로 삼는 교육이다. 결국 인간교육의 근본은 인간다운 삶의 질을 고양시키는 데 있다. 우리 통일교육이 통일을 추구하고 통일 후에 대비하는 교육이라고 볼 때, 통일은 과정에 불과할 뿐이고 통일교육의 궁극적 목표는 아니다. 그것은 통일 이후 통합된 남북한 사회에서의 삶의 질을 고양시키는 것이다. 즉, 교육의 근본이 인간으로 하여금 인간다운 삶을 살게 하는 데 있음에도 불구하고 현재의 남북한의 분단 상황이 그것을 저해하는 까닭에 통일을 이루어 보다 풍요로운 인간다운 삶을 살게 하겠다는 것이다. 따라서 통일교육에서도 교육이라는 그 본래의 특질은 변하지 않는 것이다. 그러므로 통일교육에서 추구하는 궁극적 인간상이 교육 본래적인 인간교육에서 추구하는 인간상인 것이다.[13]

4) 방법

통일교육은 크게 보아서 학교통일교육과 사회통일교육이라는 이원적 구조를 유지하면서 추진되고 있는데, 교육방법 면에서 객관적인 접근과 개방적 자세로 임할 필요가 있다.[14]

---

13) 최현호, "남북통합을 위한 통일 교육방향 연구", 1998, pp. 250-251.

14) http://www.ipa.re.kr/f_index_kor.htm 송영대, "통일교육 활성화방안과 과제", 평화문제연구소, 1999. 5.

그리고 통일교육방법의 다원화를 위하여는 교육방법상의 기본원리를 고려하는 가운데 구체적이고도 실질적인 방법상의 변화가 뒤따라야 한다. 앞으로의 통일교육은 대화와 토론을 통한 교수-학습방법을 적극 활용하는 일, 학습내용의 심화를 위한 실천적·체험적 학습방법을 활성화하는 일, 북한과 통일에 관한 보다 객관적인 사실과 정보를 적용하는 일, 학생들의 흥미와 관심을 제고할 수 있는 생활 중심의 자료와 교육방법을 활용하는 일, 정보화시대에 부응하여 사이버 매체를 적극 이용하는 일, 학습자의 특성과 교육환경을 감안하여 다양한 통일교육자료를 개발하여 활용하는 일, 그리고 종합적 네트워크에 기초한 다종의 멀티미디어 활용과 관련자료를 개발, 제공하는 일 등에 힘써야 하는 것이다.

(1) 강의식 수업

현재 이루어지고 있는 다수의 통일교육방법이 강의식 수업에 의존하고 있다. 기존의 교육체계가 다양한 시설을 갖추지 못하고 있었고 통일교육자료의 미비 등으로 특성에 맞는 교육을 할 수 없다는 점에서 그 원인을 찾을 수 있다. 기존의 통일교육과정에서 여러 가지 문제점이 제시되었으나, 이 형태의 교육방법에도 나름대로 장점이 있다. 좁은 장소에서 집중적인 교수가 이루어지므로 단시간에 높은 수준의 통일이론을 교육할 수 있다. 하지만 이 교육방법이 소기의 성과를 올리기 위하여는 몇 가지 전제가 필요하다. 즉, 교육목적에 적합한 교재, 교육적 자질이 높은 강사의 확보 그리고 통일교육수혜자가 일정한 수준 이상의 지식능력을 갖출 것 등이 그것이다. 통일교육수혜자의 지적 수준은 정부나 통일교육단체가 좌우할 수 있는 성질의 것이 아니나, 통일교육의 주체는 다양한 통일교육의 교재개발과 통일교육종사자의 자질과 능력을 높이는 일에 노력하여야 한다. 물론 통일교육지원법과 동법 시행령상 이에 대한 명문의 규정을 두고 있으나 보다 적극적인 노력을 기울여야 하리라고 본다. 통일교육활동에 종사하는 모든 사람이 자유롭게 쓸 수 있는 알맞은 교육자료와 교육자원도 있어야 한다. 그리고 통일교육자료는 통일이란 주제에 관한 다양한 관점을 제시하도록 하여 국민들이 합리적인 선택을 할 수 있도록 제공되어야 한다. 따라서 북한에 대한 부정적인 고정 관념과 북한에 대한 왜곡된 시각이 교정될 수 있도록 다양성을 적극적으로 확대할 필요가 있다.

(2) 토론학습

이 방법은 단조롭고 지루함을 가져오기 쉬운 강의식 교육의 결점을 제거할 수 있는 교육방법으로 여겨지고 있다. 다만 이 경우에도 토론에 참여하는 교육수혜자들이 주제에 대한 충분한 자료의 확보와 함께 주제에 대한 충분한 사전학습이 선행되어야 한다. 그렇지 않으면 토론이 깊이 있는 학습이 되지 못하고 극히 피상적인 수준에 머물게 된다. 또한 토론학습을 주도하는 교육주체도 주제에 대한 폭넓고 깊이있는 지식을 갖추고 있어야 되므로 교육주체의 자질이 더욱 뛰어날 것이 요구된다. 그렇지 않으면 다양한 의견의 제시에 대하여 적절한 통제와 방향의 제시가 이루어지기 어렵다.

(3) 현장체험학습

공간적 제약을 탈피하고 보다 효과적이고 생생한 교육의 효과를 얻기 위하여 선호되는 교육방법이다. 이 방법은 일반적인 교육수혜자뿐만 아니라 어느 정도 수준을 갖춘 통일교육종사자에도 효과적인 교육방법이다. 통일교육의 일환으로 금강산 연수의 현장체험을 다녀온 사회과 교사들의 80% 이상이 통일교육에 효과적이라고 대답하고 있는 실정이다. 학교통일교육을 담당하는 일선 교사의 경험으로는 일 년 동안 이론적으로 가르치는 통일교육보다 비무장지대나 중국땅에서 북녘땅을 보면서 한 체험 통일학습이 통일의식의 확립에 훨씬 효과적이었다고 지적하고 있다. 또한 이러한 통일체험학습을 위한 현장탐방은 용기가 필요한 일로 치부되고 있으며, 용기를 내야만 실시할 수 있는 현실이 되지 않게 정책적으로 지원해주는 일이 필요하다고 건의하고 있다.[15] 정부가 주5

일근무제를 확대하려고 노력하고 있으므로 이러한 형태의 교육방법이 더욱 활성화되리라고 본다. 따라서 국가보안법 등 통일교육에 걸림돌이 되는 법제도적 걸림돌을 하루빨리 제거하도록 하여야 한다.

(4) 소집단활동

소집단활동은 소집단단위로 팀을 이뤄 통일 문제에 대한 토론이나 단막극 그리고 역할극 등의 공연을 통하여 교육을 하는 방법의 하나다. 이 방법의 장점은 지나치게 많은 다수가 참여하지 않으므로 집단이 교육의 주제를 공유하기 용이하고, 단막극의 활동 등을 통하여 주제에 대한 이해의 깊이를 더할 수 있는 것 등이다. 이 경우에도 통일 문제에 대한 자료를 구하기가 현실적으로 쉽지 않고 단막극의 대본 등을 입수하기가 어렵다는 문제점이 지적되고 있다. 따라서 정부는 자료의 확보에 더욱 노력할 필요가 있다. 통일부나 통일교육원 그리고 통일교육협의회 등의 인터넷 자료실을 더욱 확충하여 거의 모든 자료를 확보할 수 있도록 하는 것도 아주 유효한 방법이라고 판단된다.

(5) 정보통신기술(ICT)을 활용한 통일교육

사회구성원들 모두가 참여하는 적극적 통일교육으로의 전환이 필요한 요즘 현재 발전된 정보통신기술의 접목을 통한 새로운 방법의 시도는 당연하다. 특히, 인터넷활용 통일교육은 교과서와 교실을 중심으로 이루어지던 통일교육의 공간적, 시간적 제약을 극복할 수 있게 한다. 그 결과 인터넷을 다루는 대다수 계층에게 자연스러운 통일교육의 활성화를 달성할 수 있어 통일교육의 저변 확대가 가능하다.

그리고 통일교육에서 정보통신기술의 활용은 교육수혜자들의 흥미와 호기심을 유발시킨다는 점에서 매우 유용한 것이다. 또한 정보통신기술

---

15) 김남선, "직접 체험하는 분단, 직접 만들어가는 통일", 통일한국, 2001.4. p. 71.

(ICT) 활용은 최신 지식과 정보에 기초한 통일교육의 학습을 가능하도록 하여준다. 인터넷상에는 매일 최신의 수많은 정보가 올라오며, 이미 올려져 있는 정보들도 수시로 업그레이드 된다. 따라서 ICT를 활용하여 통일교육을 받는 교육수혜자들은 늘 자신이 학습하는 내용과 관련된 새로운 지식과 정보를 접할 수 있게 된다. 이러한 최신의 정보들은 교육수혜자의 학습 동기를 유발시킬 수 있으며 효과적인 교육수혜자들의 학업성취를 가능하게 한다. 뿐만 아니라 ICT 활용은 교육의 주체가 수업을 어떻게 구상하느냐에 따라 여러 가지 다양한 형태의 수업 환경을 구성·운영할 수 있는 기회를 제공하여 준다.

ICT 활용은 통일교육에 있어서 교육주체와 교육수혜자의 관계를 수직적 관계에서 수평적 관계로, 문자 전달수단에서 영상을 매개로 한 전달수단으로, 가치 판단적 정답제시에서 가치 중립적 정보의 제공으로, 수동적 학습방식에서 자율적 사고방식으로 전환할 것을 요구하고 있다. 이제는 한국 사회의 변화 속에서 구체적인 통일과 관련된 어떤 정보를 높은 수준으로 알고 있는 것이 중요한 것이 아니라 다양한 사회현상과 정보의 복잡한 인과관계 속에서 이를 자율적으로 해석하고, 능동적으로 적응할 수 있는 능력을 갖출 수 있도록 하는 것이 더욱 중요하게 되었다. 이런 점에서 정보통신기술을 활용한 통일교육 수업 방안은 다양한 장점 내지 가능성을 갖고 있다.

반면 정보통신기술(ICT) 활용에도 몇 가지 단점이 있다. 기존의 교사 중심의 수업에서 수혜자 중심의 수업으로 수업 형태가 바뀌게 되면 교육주체의 역할도 변하게 된다. 교육의 주체는 통일교육내용 전수자가 아니라 통일교육수혜자의 학습활동을 보조하고 도와주는 촉진자로서의 역할을 수행하게 된다. 교육수혜자도 기존의 수동적 역할에서 능동적인 학습참여자로 그 역할이 변하게 된다. ICT를 활용한 수업 상황에서는 교육수혜자가 교육활동에 얼마나 능동적이고 적극적으로 참여하려는 의사와 능력이 있느냐에 따라 교육의 성패가 좌우되는 것이다. 또한 ICT 활용은 계속적인 교육자료와 수업 방안의 개발, 보급이 요구되며,

교육주체의 교수 학습 방안에 대한 다양한 적용과 시도의 노력을 더욱 많이 필요하게 된다. 여기에는 교육주체 개개인의 노력뿐만 아니라 각 관련단체들의 지원과 연계된 노력이 필수적이다. 통일부와 교육부는 다양한 통일교육자료의 연구개발과 보급을 위해 최선의 노력을 해야 하며, 통일교육 현장에서 즉시 활용할 수 있는 교육자료의 개발에 집중하여야 한다.

4. 통일에 대한 무관심/기피 현상에 대한 법·제도적 대응

앞에서 살펴본 바와 같이 통일교육에 대한 무관심과 기피 현상을 야기하는 문제점은 1) 하나는 통일 그 자체의 위상에 대한 무관심을 야기하는 인식론적 패러다임의 문제와 북한이라는 대상에 대한 연관성을 구체적으로 사고하지 않는 사회적 시선의 문제, 그리고 2) 통일교육 자체가 행해지는 방식에서 참여를 배제하는 교육이라는 틀의 문제와 개인적 차원의 관심영역으로 통일교육이 침투하지 못함으로써 발생하는 교육효과의 제한이라는 문제이다.

이러한 문제점을 극복하기 위해서는 우선 통일이라는 당위성에서 벗어나 미래에 대한 비전을 공유하는 새로운 통일의 상을 구축하려는 노력과 더불어 지금 현재의 삶이 가진 파행성을 성찰적으로 인식할 수 있는 자기 모습에 대한 재인식이 필요하다. 또한 통일교육이 행해지는 방식에 있어서도 통일교육을 시행하는 주체를 다원화하고 교육의 일방성을 극복할 수 있는 실천적 대안을 마련해야 하며 교육내용과 방식에 있어 개인적인 일상과 교류할 수 있는 문제틀로의 전환이 필요하다고 할 수 있다.

그런데 전자인 인식론적 패러다임과 북한에 대한 사회적 시선의 문제는 직접적으로 통일정책과 관련된 문제로서 구체적인 사안에 대한 법제도적인 정비 방안에 대하여 살펴보는 본제와는 정확히 들어맞지 않는 것이며, 이는 통일교육에 대한 이데올로기 및 통일정책의 방향에 따라 결정될 수밖에 없는 사안으로 본다. 그러므로 이 절에서는 후자에 중점을 두어 살펴본다.

1) 통일에 대한 참여의 유도

현재의 통일에 대한 무관심은 기존의 통일교육이 이데올로기 중심의 정권안보교육이 중심이 되어 왔다는 점과 통일정책이 정쟁의 대상이 되어버림으로써 정치에 대한 국민들의 냉소와 함께 통일에 대한 관심도 줄어들었다는 점에 있다. 따라서 국민들의 이데올로기에 대한 거부감을 해소하고 통일에 대한 문제를 정쟁의 대상에서 제외하도록 함으로써 통일에 대한 관심을 증진시키는 데 역점을 두어야 한다. 그러므로 통일교육은 기존의 이데올로기 중심에서 사회 · 문화적인 분야의 교육을 강화하도록 하고, 국민 모두가 건전한 관심과 흥미를 가지고 참여할 수 있는 통일정책 및 통일교육이 지속적으로 이루어져야 한다. 기존의 통일관련 문예대회나 퀴즈 같은 통일관련 행사를 범국민적인 차원에서 지속적으로 하도록 하며 그 대상을 세분화할 필요가 있다. 또한 새로운 분야의 통일관련행사를 발굴하여 시행하고 이를 충분히 알려야 한다. 통일관련 인터넷게임의 개발 및 경진대회의 시행 등도 하나의 방법이 될 수 있으며, 우수한 통일관련 정책을 입안 · 시행한 정부부서나 민간단체를 선발하여 대대적으로 포상하는 것도 통일에 대한 국민들의 관심과 참여를 유도할 수 있는 하나의 방법이 될 수 있다. 따라서 각 기관이나 단체의 업무능력평가에 통일에 대한 국민의 참여를 유도하는 통일정책 및 통일교육과 관련되는 정책의 개발 및 시행에 대한 항목을 신설하거나 그 가산치를 높이는 것도 고려되어야 한다.

또한 앞에서 언급한 바 있는 '통일교육센터'의 건립도 적극적으로 검토하여야 한다. 통일교육센터에서는 재정적으로 열악한 환경에 있는 사회통일교육단체에 최소한의 업무공간을 제공하고, 강의실 등 그들이 곧

란을 겪고 있는 통일교육의 공간을 제공하는 역할을 하게 된다. 이는 통일교육주체에 대하여 보다 적극적으로 통일교육에의 참여를 유도하며, 통일교육수혜자에 대하여도 보다 간편하고 쉽게 참여할 수 있는 통일 공간으로서의 기능을 하게 된다. 동시에 운영의 방법에 따라서는 현실적으로 어려움을 겪고 있는 통일교육의 실태파악과 함께 교육의 중복 및 편중 현상도 많이 완화할 수 있는 대안이 되리라고 본다.

2) 통일에 대한 관심의 유도

인간은 이익이 있는 쪽으로 행동과 의식의 방향을 정하는 것이 일반적이다. 따라서 통일에 대한 국민들의 무관심을 가장 직접적으로 돌릴 수 있는 방법 중의 하나가 인센티브의 수여일 수 있다. 그러므로 통일교육수혜자에게 승진이나 봉급 등에 인센티브를 주는 방안, 통일교육신고제의 도입, 통일교육과 관련된 IT산업 등과 첨단정보의 제공이나 새로운 교육방법의 연수기회가 우선적으로 보장될 수 있도록 하고, 통일교육종사자에게는 통일교육에 대한 다양한 재교육의 기회가 우선적으로 부여되어야 하며, 통일교육종사자에 대한 적절한 보수의 제공이나 자격부여 그리고 법정책적으로 인정될 수 있는 다양한 혜택, 학교통일교육의 전과목영역으로의 확대와 함께 통일교육을 이수한 학생들에게 입시의 가산점을 부여한다든지 통일교육의 이수를 봉사활동의 이수로 인정하는 교육부 지침의 변경도 고려해봄 직하다. 또한 공무원들의 승진시험과목에 반드시 통일관련과목이 포함되도록 함과 동시에 통일교육을 이수한 공무원에게는 승진시 가산점을 부여하는 방안 등을 적극적으로 검토하여야 한다.

그런데 이러한 인센티브를 부여하는 경우 대부분이 경제적 부담을 초래하고, 차별화된 특권을 부여하는 것이므로 명확한 근거와 제도적 장치가 전제되어야 한다. 따라서 통일교육지원법상에 통일교육을 이수한 자에 대한 적절한 보상이 이루어질 수 있도록 명시적으로 규정할 필요가 있다. 이러한 법제도화만이 정권이나 통일정책 담당자의 변경과 관계없이 지속적이고 일관성 있는 통일정책과 통일교육의 시행을 담보하게 된다.

5. 결 론

통일교육의 다원화를 실현하고 이를 통한 통일교육의 활성화를 도모하기 위해서는 기존의 정부 주도의 통일교육에서 민간단체가 주도하는 통일교육으로 방향을 전환하여야 한다. 다양한 통일관에 입각한 통일교육의 수행이 건전한 통일관에 대한 합리적인 국민적 합의를 이끌어내는 전제가 되는 것이다. 따라서 민간 통일교육단체 및 교육종사자들에 대한 자율성을 최대한 보장함과 동시에 그 교육이 지속될 수 있도록 지원하여야 한다.

과거의 통일교육에 대한 경험으로 정부가 주도하는 통일교육에 대한 부정적인 시각이 여전히 존재하는 만큼 정부는 통일교육의 후견인적 역할에 만족하고 국민에 대한 통일교육의 주도적 역할은 민간단체에 맡기는 역할의 분담이 필요한 것이다. 다만 이 경우에도 통일교육에 대한 방향제시와 최소한의 가이드라인의 설정이라는 정부의 역할은 존재하여야 할 것이며, 지금과 같이 정부의 통일정책에 맞는 단체나 교육종사자만을 지원하는 것은 피해야 할 것이다. 따라서 통일교육의 적정성 여부나 지원의 계속 여부를 결정하는 통일부장관의 권한도 통합통일교육단체에 이관하여야 한다. 다만 무분별한 통일교육의 남용을 막기 위하여 통일교육의 신고제와 함께 통일교육협의회 등을 통한 간접적인 지도는 필요하리라고 본다.

또한 국민들의 이데올로기에 대한 거부감을 해소하고 통일에 대한 문제를 정쟁의 대상에서 제외하도록 함으로써 통일에 대한 관심을 증진시켜야 한다. 그러므로 통일교육은 기존의 이데올로기 중심에서 벗어나 그 주체·수혜자·내용·방법 등에 있어서 다양하게 전개되어야 한다. 사회·문화적인 분야의 교육을 강화하도록 하고, 국민 모두가 건전한 관심과 흥미를 가질 수 있는 정책이 지속적으로 이루어져야 한다. 또한 통일교육수혜자에게 다양한 형태의 인센티브를 주는 것을 법제도적으로 정비할 필요가 있다. 따라서 통일교육지원법상에 통일교육을 이수한 자에 대한 적절한 보상이 이루어질 수 있도록 명시적으로 규정할 필요가 있다. 이러한 통일교육에 대한 법제도화와 정비만이 정권이나 담당자의 변경과 관계없이 지속적이고 일관성 있는 통일정책의 시행과 통일교육을 보장하게 된다.

◆ 참고문헌 ◆

강순원, 『평화 · 인권 · 교육』, 2000, 도서출판 한울.

고병헌, "통일을 만드는 평화교육", 민족화해협력범국민협의회 자료, http://www.kcrc.or.kr에서 인용.

_____, "통일을 만드는 평화교육", 『처음처럼』, 1998 9/10월호, 통권 제9호.

_____, "실천적 평화교육을 위한 철학적 기초", 『여성과 평화』 1집, 2000.

고용권, "통일교육의 활성화방안", 현대이념연구 제2집, 1997.12.

국제사면위원회, 『인권교육의 기법: 청소년을 위한 인권학습 자료집』, 1996, 서울 청소년개발원.

권성아, [신홍익인간 교육의 통일교육면의 탐색], 한국홀리스틱교육실천학회, [홀리스틱교육실천연구] 4집 3호, 2000. 10.

_____, 홍익인간사상과 통일교육, 1999, 집문당.

권이종, "남북청소년교류를 위한 청소년 의식조사", 한국청소년학회, [남북 청소년교류 활성화 방안] 2000. 9.

권혁범, 「반공주의 회로판 읽기: 한국 반공주의의 의미체계와 정치사회적 기능」, 『통일연구』, 1998, 제2권 제2호.

_____, 「통일에서 탈분단으로: '민족 동질성 회복' 론과 '민족 번영' 론에 대한 비판적 성찰」, 『당대비평』, 2000년 가을호, 통권 12호.

_____, 「한반도 분단현실과 통일교육의 방향: 평화와 인권을 지향하는 탈분단의 시민교육을 향하여」, 한국정치학회 춘계학술회의 북한 · 통일연구위원회 1(기획) 『분단현실과 통일교육의 방향』, 2000. 3. 24-25.

김교동, 「이질성을 포용하고 인내하는 훈련이 필요」, 한국교원단체총연합회 · 한국정치학회 주최 『6 · 15 남북공동선언 이후 북한교육 어떻게 할 것인가』, 2000. 7. 5.

김 구, 백범일지, 우래, 2000.7.

김근식, "참여자가 주체되는 능동적인 교육이어야 한다", [통일한국], 2001년 9월호, 평화문제연구소.

김남선, "직접 체험하는 분단, 직접 만들어가는 통일", 통일한국, 2001.4.

김상환, "국민적 합의 도출하는 교육이 돼야 한다", 통일한국, 2001.3.

김성봉 외, 「중학교 도덕교육 실태 분석」, 한국교육개발원, 1990.

김숙임, "일상에서 평화만들기: 여성이 만드는 평화와 인권", 여성평화아카데미
    2001년 봄강좌 자료집.

김인회, [21세기 한국교육과 홍익인간 교육이념], 정영훈 외 『홍익인간연구』, 한
    국정신문화연구원, 1996. 12. 26.

김주성, 「북한인식 및 통일담론의 공정성 문제」, 한국교원단체총연합회 · 한국
    정치학회 주최 『6 · 15 남북공동선언 이후 북한교육 어떻게 할 것인가』,
    2000. 7. 5.

김지하, [홍익인간도 죽었는가?], 한국교육개발원, {교육이념, 홍익인간의 재음
    미} 1999.

김진균 · 조희연, 「분단과 사회상황과의 상관성에 관하여-분단의 정치사회학적
    범주화를 위한 시론」, 변형윤 외, 『분단시대와 한국사회』, 1985, 서울, 도
    서출판 까치.

김학성, "분단의 문화 현실과 통일 담론의 재구성", 미발표원고.

남북어린이어깨동무 2001년도 어린이 평화교육 매뉴얼, http://www.okedong
    mu.or.kr에서 인용.

또하나의 문화, [글로벌 시민교육 매뉴얼 및 자료집], 2001.

민족통일연구원, [통일문화연구] 상/하, 1994.

박복선, "통일을 성찰하는 문학교육", 문학과교육연구회, [문학과 교육], 2000년
    가을호.

박찬석, 『남남 갈등, 대립으로 끝날 것인가』, 2001, 도서출판 인간사랑.

백춘현, "멀티미디어를 활용한 통일교육", 평화문제연구소, [통일문제연구], 제
    11권 2호, 1999.

(사)평화를 만드는 여성회, 국내외 평화교육 사례의 통일교육에의 적용방안 연
    구』, 2001.

서준식 外, 『인권교육에 관한 견해(1)』, 1998, ACRP 서울평화교육센터.

서춘식, "21세기를 대비한 민주시민교육에 관한 연구", 조선대 사회과학연구 제
    19호, 성정엽, "자유민주적 기본질서에 관한 연구", 인천논총 제6권 제2
    호, 1990.12., pp.494-496 참조.

송영대, "통일교육 활성화방안과 과제", 평화문제연구소, 1999.

오기성, "이질화 극복을 위한 통일교육의 방향모색(II)", 북한, 1995.7.

_____, "정치적 제약 벗고 네트워크화 해야 한다", 통일한국, 2001.2.

오수열, "남북통일과 민주시민교육의 기능과 역할", 호남정치학회보(제6집) 호
     남정치학회, 1995.

우창구, "구성주의 교수-학습 원리를 통한 학교 통일교육방안", [학교경영],
     1998년 11월호, 한국교육생산성연구소 교육연구사.

위르겐 코카, [독일의 통일과 위기], 마르케, 1999.

유네스코 한국위원회, 『인권교육 어떻게 할 것인가』, 1997, 도서출판 오름.

유네스코, 인권교육지침서 『모든 인간은 …』, 2000, 도서출판 사람생각.

유엔인권센터, 『인권교육의 이론과 실제-학교에서의 실천적인 활동지침』, 1995,
     유네스코 한국위원회.

이광호, "제7차 교육과정에서의 중학교 도덕과 통일교육 활성화 방안", 통일문
     제연구, 99년 하반기호.

이규호, 『정치교육과 통일교육』, 1997, 문우사.

이근철 · 오기성, 『차가운 머리와 따뜻한 가슴으로 이해하는 통일교육론』, 2000.

이우영, "대학사회에서의 바람직한 통일문제 접근방향: 새로운 통일담론의 필
     요성", 미발표원고.

_____, "대학통일교육의 문제점과 개선방향", [통일관련 교양과목 개설을 위한
     연구], 연세대학교 통일연구원.

_____, 「북한의 변화, 어떻게 볼 것인가」, 한국교원단체총연합회 · 한국정치학
     회 주최 『6 · 15 남북공동선언 이후 북한교육 어떻게 할 것인가』, 2000.
     7. 5.

이장원, "새천년 통일교육의 화두는 평화와 화해", 통일한국, 2000. 1.

_____, "한국의 통일평화교육의 현황과 실례: 학교의 통일교육", [21세기 한반
     도평화 · 통일방법론과 프로그램 개발을 위한 국제심포지엄], 민족화해
     협력범국민협의회, [민간통일교육발전워크샵] 자료집.

이장희, "남남대화와 통일교육", 기조연설, 통일교육활성화를 위한 민간단체 통
     일교육의 방향모색 세미나 자료집, 2001. 9. 25, pp. 9-13.

_____, "남북기본합의서의 법적 성격과 실천방안", 국제법학회논총 제43권 1
     호, 1998년 6월호, 대한국제법학회.

이장희 외, 6 · 15 남북공동선언과 통일지향적 법제 정비 방향, 아시아사회과학
　　　연구원, 아사연 학술포럼시리즈 2001-2, 2001.7.
이정화, 「'통일 및 북한교육'의 방향과 어려운 점」, 한국교원단체총연합회 · 한
　　　국정치학회 주최 『6 · 15 남북공동선언 이후 북한교육 어떻게 할 것인
　　　가』, 2000. 7. 5.
이창주, "통일이후 사회통합을 위한 남북한 교육정책", 북한연구, 1999. 12.
인권운동사랑방 인권교육실, 『인권교육 길잡이』, 1999, 도서출판 사람생각.
전효관, 남북문제에서 사회문화적 접근의 현황과 과제, [한국예술종합학교 논문
　　　집] 제 3권, 한국예술종합학교, 2000.
정상돈, 「대북포용정책과 통일교육: 독일통일과정의 교훈에 대한 재검토」, 『국
　　　가전략』 제6권 4호, 세종연구소, 2000.
_____, 「독일의 정치교육: 통일문제와 관련하여」, 『남북한 문화공동체의 지속
　　　과 변동. 남북한 사회문화 변동과 21세기 한국인상(2)』, 2001, 교육인적
　　　자원부, 교육정책연구 2000-지-1.
정세구역, 민주시민교육, 서울 교육과학사, 1989.
정용민, 「평화교육의 사례분석과 평화교육 방법론 개발」, 『평화교육방법론 개
　　　발을 위한 심포지엄 자료집』, 1999, (사) 평화를 만드는 여성회.
정진경, "남북한간 문화이해지", 조한혜정/이우영 엮음, [탈분단시대를 열며: 남
　　　과 북, 문화공존을 위한 모색], 삼인, 2000.
조성태, "N세대 눈높이에 맞춘 사이버 통일교육", [통일한국], 2001년 11월호.
조정규, "민족 주체성 정립에 관한 연구", 동의대학교 통일논총 제13집, 2000.10.
조혜정, "분단과 공존: 제 3의 공간을 열어가는 통일교육을 지향하며", [통일관
　　　련 교양과목 개설을 위한 연구], 연세대학교 통일연구원.
조혜정/김수행, "반공/반제 규율사회의 문화, 권력: 한 남한 지식인의 탈북지식
　　　인을 향한 말걸기", [탈분단시대를 열며], 삼인, 2000.
진희관, "통일교육은 한반도의 미래교육", 통일한국, 1999.3. p. 21.
최문성, "통일교육의 이념적 지향", 서울대 한국정치연구 제6집, 1997. 6.
최병모, "국가보안법은 폐지되어야 한다", 국가보안법 이대로 좋은가?, 국가보
　　　안법폐지를 위한 천주교연대, 국가보안법폐지를 위한 심포지움, 1999.
　　　9. 15.
최현호, "남북통합을 위한 통일 교육방향 연구", 배재대 사회과학연구 제17집,

1998. 8.

추병완 외, 『통일교육』, 2002.

통일부, 『2000 통일교육기본지침서』, 1999.

_____, 『2002 통일교육기본지침서』, 2001.

_____, 통일교육의 방향과 실천과제, -중장기 통일교육의 발전계획-, 2001.

한국청소년개발원, [비정부기구를 통한 남북한 청소년교류, 협력증진방안 연구], 미발표원고.

한만길, 「고등학교 통일교육 내용과 교사들의 통일교육관 분석을 통한 통일교육 방안 모색」, 『'92 북한·통일연구논문집 (6)』, 통일원, 1992a.

_____, 「민족문제와 통일교육의 방향 -교육내용의 측면에서-」, 『민족혼』 제6집, 1992b.

_____, 「학교교육에서 북한을 어떻게 가르칠 것인가」, 한국교원단체총연합회·한국정치학회 주최 『6·15 남북공동선언 이후 북한교육 어떻게 할 것인가』, 2000. 7. 5.

_____, 『통일교육의 이론과 실천 - 평화와 통일을 위한 교육 -』, 2001, 교육과학사.

_____, 「북한 이해를 위한 통일교육 목표와 내용」, 통일정보신문사, 『학교통일교육의 내실화 방안(통일환경 변화와 통일교육의 새로운 방향)』, 1999. 3.

허종렬, "통일교육지원법의 내용과 운용검토", 새교육, 2000.9.

http://www.multicorea.org

『2000년 MBC 청소년 백서』.

필자 약력<small>(원고 게재순)</small>

정상돈

한국외국어대학교 졸업(1982)
독일 베를린 자유대학 정치학 박사(1996)
현재 세종연구소 객원연구위원

• 주요 저서 및 논문
「브란트·슈미트정부의 대동독 화해정책과 김대중 정부의 햇볕정책 비교연구」(1999)
「대북포용정책과 통일교육: 독일통일의 교훈에 대한 재검토」(2000)
「독일의 정치교육: 통일문제와 관련하여」(2001)

전효관

연세대학교 졸업(1985)
연세대학교 사회학 박사(1997)
현재 서울시 하자센터 부소장

• 주요 저서 및 논문
『탈분단시대를 열며』(2000, 삼인, 공저)

『남북한 문화차이와 언론』(2000, 한국언론재단, 공저)
『청소년의 일상과 가족』(2001, 생각의 나무, 공저)

이장희

고려대학교 법학과 졸업(1973)
독일 킬대학(Kiel) 대학원/법학박사(1984)
현재 한국외대 법과대학 학장/국제법

• 주요 저서 및 논문
『한일간의 국제법적 현안 문제』(1998), 도서출판 아사연.
『북한법 50년 그 동향과 전망』(1999), 도서출판 아사연.
『한-미주둔군지위협정 연구』(2000), 도서출판 아사연.

김용철

한국외국어대학교 법과대학 졸업(1983)
한국외국어대학교 법학박사(1995)
현재 한국외국어대학교 법과대학 강사

• 주요 저서 및 논문
「한국인 고용원의 보호와 바람직한 한미주둔군지위협정의 개정방향」
(2000)
「한미주둔군지위협정과 근로자의 권리보호」(2000)

색 인

통일교육의 다원화와 제도개선 방안

인 쇄: 2002년 11월 20일
발 행: 2002년 11월 25일

편 자: (사)통일교육협의회 부설 통일교육연구소
발행인: 부성옥
발행처: 도서출판 오름
등록번호: 제2-1548호 (1993. 5. 11.)

· 서울특별시 서초구 서초동 1420-6 통일시대연구소빌딩 301호
· 전화: (02) 585-9122, 9123 / 팩스: (02) 584-7952
· E-mail: oruem@oruem.co.kr
· URL: http://www.oruem.co.kr

ISBN 89-7778-166-3   93340   정가 9,000원

* 잘못된 책은 교환해 드립니다.
* 본서의 편자인 (사)통일교육협의회의 사전 승인없이 전재
  또는 역재를 금함.